Javier Jerez González

O'GORMAN, KAHLO, RIVERA

Encuentro para una arquitectura revolucionaria

González Jerez, Javier
O'Gorman, Kahlo, Rivera . Encuentro Para Una Arquitectura Revolucionaria- 1a ed . - Ciudad Autónoma de Buenos Aires : Diseño, 2021.
228 p. ; 21 x 15 cm. - (Textos de arquitectura y diseño / Camerlo, Marcelo)
ISBN 978-1-64360-426-8
1. Historia e investigación de la arquitectura. I. Título.
CDD 720.1

Textos de Arquitectura y Diseño

Director de la Colección:
Marcelo Camerlo, Arquitecto

Diseño de Tapa:
Liliana Foguelman

Diseño gráfico:
Cecilia Ricci

Foto de tapa: MARTIN MUNKACSI, Untitled,
Frida Kahlo standing on bridge between house and studio, Mexico City, 1933
© Estate of Martin Munkácsi, Courtesy Howard Greenberg Gallery, New York

Hecho el depósito que marca la ley 11.723

La reproducción total o parcial de esta publicación, no autorizada por los editores, viola derechos reservados; cualquier utilización debe ser previamente solicitada.

© de los textos, Javier Jerez González
© de las imágenes, sus autores
© 2021 de la edición, Diseño Editorial

I.S.B.N. 978-1-64360-426-8
ISBN EBOOK: 978-1-64360-427-5

Abril de 2021

Javier Jerez González

O'GORMAN, KAHLO, RIVERA

Encuentro para una arquitectura revolucionaria

O'GORMAN, KAHLO, RIVERA
Encuentro para una arquitectura revolucionaria

Para Lorena

Para Enrique, Adrián, Paula y Mario

Para mis padres

AGRADECIMIENTOS

La investigación que hizo germinar el presente libro arrancó hace bastante tiempo, pero fue en 2009 cuando por fin comenzó a tomar forma académica. Ese año una beca de la Fundación Alfonso X el Sabio me permitió realizar una estancia en el Instituto de Investigaciones Estéticas de la Universidad Nacional Autónoma de México como profesor visitante. Agradezco a Enrique de Anda Alanís que tutelara mi trabajo en esa institución.

Víctor Jiménez compartió amablemente el conocimiento de pormenores importantes relativos a la construcción de las casas de Diego y Frida, cuyas obras de restauración dirigió personalmente. El personal del Museo Casa Estudio de Diego Rivera, el de la Dirección de Arquitectura del Instituto Nacional de Bellas Artes y del Centro Nacional de Investigación, Documentación e Información de Artes Plásticas me facilitaron el acceso a sus archivos para consultas que eran imprescindibles.

Ricardo Tena Núñez, con gran generosidad, me abrió las puertas de la Escuela Superior de Ingeniero Arquitecto del Instituto Politécnico Nacional en el que diera clases durante tantos años Juan O'Gorman. Le agradezco además el texto post scriptum incluido al final del libro y su gran apoyo para que este saliera adelante.

Me ofrecieron valiosas indicaciones en mis visitas a México DF Cristina López Uribe, Carlos Ríos Garza y Rafael López Rangel desde su condición de especialistas en el tema. Fernanda Canales me facilitó el acceso a documentación importante además de acertados consejos. Luis Rojo de Castro, Luis Fernández Galiano, María José Pizarro, Eduardo Pesquera y Luis Martínez Santa-María, en distintos momentos del desarrollo, aportaron también oportunas observaciones para el enfoque del tema. Los cursos de docencia compartida con Francisco Muñoz supusieron un diálogo ininterrumpido que fue nutriendo de forma directa e indirecta este trabajo. Mara Sánchez Llorens, María Teresa Muñoz, Laura Martínez de Guereñu, Ángel Martínez García-Posada y Emilio Tuñón enriquecieron desde el tribunal de tesis el trabajo con puntos de vista complementarios. Francisco Jarauta además me ha animado en distintos momentos con palabras de aliento que han sido importantes para mí.

A todos ellos quiero darles las gracias. Quiero agradecer especialmente a mi director de tesis, Antonio Juárez, los años de generosa enseñanza y una especial cercanía en el seguimiento de mi trabajo.

Juan O'Gorman. Las casas estudio de Diego Rivera y Frida Kahlo
Fotografía de Javier Jerez González

ÍNDICE

- 6   AGRADECIMIENTOS

- 14   LAS EXTRAÑAS CASAS PARA DIEGO Y FRIDA. INSÓLITA ARQUITECTURA

- 26   POR UNA ARQUITECTURA REVOLUCIONARIA
- 27   Insurgencia y emergencia
- 37   Estridentismo y vanguardia mexicana
- 45   Maestros de O'Gorman: germen de racionalismo

- 56   RIVERA Y LOS PRODUCTIVISTAS
- 57   Rivera en Moscú
- 65   *LEF*, el frente artístico de izquierdas
- 75   Producción y procesos
- 79   Tránsitos desde centro-Europa y hacia México
- 86   Octubre, diez años después

90	TROTSKY Y NOVI BYT
97	Transformando lo cotidiano
98	¿Una arquitectura productivista?
111	Construir la nueva realidad
124	ECOS DE VANGUARDIA
125	*Fordismo:* la sinfonía industrial
134	El programa como proyecto
143	Le Corbusier según O'Gorman
156	ENCUENTRO PARA LA REVOLUCIÓN
157	Pintura y comunismo
164	Frida y el espacio propio
169	Diego Rivera arquitecto
179	La formación del artista proletario
185	Irrumpe O'Gorman
191	Radicalidad en la escuela
198	Vidas singulares
202	O'GORMAN, PUNTO Y APARTE
206	*POST SCRIPTUM* Juan O'Gorman: la SEP y la escuela de Arquitectura del IPN. <small>Ricardo Antonio Tena Núñez</small>
216	BIBLIOGRAFÍA

Juan O'Gorman en las casas estudio de Diego Rivera y Frida Kahlo
Autor desconocido.

LAS EXTRAÑAS CASAS PARA DIEGO Y FRIDA.
INSÓLITA ARQUITECTURA

O'Gorman, México DF, 1932. Las obras de construcción de las casas estudio proyectadas en las afueras de la ciudad para Diego Rivera y Frida Kahlo concluyen en los meses de verano. Las casas se presentan con un aspecto verdaderamente insólito.

El vallado de cactus, lo primero que uno se encuentra, llama poderosamente la atención: una fila de órganos[1] del tamaño de una persona cada uno y regularmente distanciados custodia el perímetro de la parcela. Es un cerramiento común en México, propio de entornos agrícolas que resulta llamativo en una zona residencial de la capital. Detrás de la empalizada vegetal, como formando parte de un mundo totalmente diferente, se elevan sobre esbeltos pilares de hormigón armado dos volúmenes, cubos casi exactos. El más pequeño pintado entero de un color azul intenso, el más grande pintado de blanco en una de sus caras, de rojo bermellón en otras dos. Su cuarta fachada es un gran lienzo de vidrio reticulado que cubre la altura de los tres niveles y se gira en los dos superiores rebasando los límites del prisma. Sobre él unos lucernarios en forma de dientes de sierra, iguales a los de cualquier fábrica, lo recorren de lado a lado mientras que en un costado se enrosca sobre sí misma una opulenta escalera de caracol. En el otro costado un volumen prismático menor sobresale en lo alto y lanza un puente que se apoya en la terraza extendida sobre el prisma azul. Este se ve recorrido de arriba abajo por un volumen cilíndrico que lo desborda. Detrás, al fondo de la parcela, descansa un tercer volumen, un prisma de menor tamaño pintado del mismo color azul intenso.

En torno a los grandes prismas zumba un enjambre de aparatos de diverso tamaño: antenas, cables, pararrayos, depósitos de agua, tuberías… todo lo necesario para asegurar el funcionamiento de las casas. Estos dispositivos, verdaderos mecanismos del habitar que normalmente se ocultan pudorosamente, aquí se muestran con un orgullo que alcanza a toda la construcción. Los pilares, vigas y nervios de hormigón armado y las bovedillas cerámicas quedan también expuestos a la vista sin recubrimiento alguno. Las barandillas, lejos de las composiciones acostumbradas con molduras y rebajes en piedra, son simples líneas de

---

[1] "órganos" es el nombre común de esta especie de cactáceas, *Phachycereus marginatus*.

tubos ensambladas con codos de fontanería. Se diría que no hay una sola concesión a la estética en todo el conjunto, que todo está dispuesto para la máxima eficiencia con el menor gasto posible.

Sin embargo, y a pesar de lo crudo de su aspecto utilitario y austero, la construcción transmite una gran sensación de equilibrio compositivo. Los dos cuerpos principales guardan una proporción cúbica casi perfecta que se aprecia con mayor claridad por estar suspendidos en el aire. Entre ellos hay una relación homotética de réplica, un mismo motivo que se reproduce a diferente escala y sobre el que se introducen variaciones similares o equivalentes. Los volúmenes que sobresalen, las llamativas formas de la cubierta, la rotundidad de las escaleras helicoidales, el giro de la fachada en el volumen rojo... cada alteración parece tener un papel compositivo preciso y necesario.

En todo el conjunto hay algo como de danza congelada. Un ritmo común subyace sutilmente en la construcción, tanto en su disposición sobre el terreno como en la distribución de sus estancias. Ese ritmo se manifiesta en los ventanales, en las barandillas, en los nervios de hormigón armado... de cierta manera en toda la obra. La construcción menor que queda al fondo de la parcela e incluso los umbrales de las puertas que dan acceso independiente desde las dos calles a cada una de las casas participan también de esta modulación integral.

Pero además, la brutal yuxtaposición de objetos y maneras procedentes de mundos diferentes hace que todo contribuya a la creación de una atmósfera veladamente onírica. La naturaleza orgánica del cerramiento exterior con su geometría desigual se contrapone a la dureza de los volúmenes prismáticos, a la exactitud de los ventanales de vidrio y acero. Los intensos colores de las fachadas, propios de la arquitectura popular, destacan llamativamente frente al color desnudo de los nervios de hormigón y las bovedillas cerámicas, con el gris del cemento del solado exterior. El carácter artesanal y vernáculo de los muretes de piedra que contienen el desnivel en los límites de la parcela contrasta con la precisión de antenas, tuberías y chimeneas, con la exactitud exhibida en toda la construcción. El resultado es contundente y radical.

Las casas, decíamos, se muestran como algo extraño, una arquitectura que poco tiene que ver con lo que se ha hecho hasta entonces, no solo en su entorno próximo, sino en todo el país. Se trata de una arquitectura con múltiples planos de significación y al mismo tiempo con una coherencia difícil de alcanzar. A fecha de hoy es considerada una verdadera obra maestra.

Cuando O'Gorman termina las obras de las casas los pintores están en Estados Unidos, hospedados por Henry Ford en Detroit. Allí Rivera prepara la confección de los murales alusivos a la producción industrial para las paredes del patio interior del Detroit Institute of Arts. Pasa semanas allí haciendo bocetos y tomando fotografías del proceso de producción en las instalaciones fabriles más grandes del mundo. Frida Kahlo vive entonces, en un país extranjero alejada de los suyos, el dolor de un nuevo aborto, esta vez especialmente traumático por la pérdida de la esperanza de ser madre.[2]

Juan O'Gorman cuenta en sus memorias que había convencido a Diego Rivera para hacer su casa vendiéndole el terreno que estaba junto a otra casa racionalista que acababa de construir para su propio padre. El arquitecto mexicano había leído con gran interés *Vers une Architecture*, publicación llegada a México en 1924 que incluía imágenes de la casa para el pintor Ozenfant. Bajo condiciones de cierta similitud -un arquitecto, que es además pintor, diseña y construye la casa estudio para un pintor amigo- levanta las casas estudio de Diego y Frida. Sin embargo estas casas están mucho más allá de una simple copia de la obra de Le Corbusier. Tienen rasgos diferenciales muy marcados, como ya hemos visto, y algunos se muestran con una intensidad y coherencia sorprendentes.

Durante mucho tiempo se ha observado esta obra con verdadera perplejidad. O'Gorman tiene cerca de veinticinco años en el momento de su construcción. Cuenta con cierta experiencia profesional tras trabajar en varios estudios de arquitectura importantes, pero ha construido muy poco. Aunque ha terminado la carrera, no se ha titulado aún. Tiene ideas

---

[2] De esta época es el impactante cuadro de Frida *Henry Ford Hospital*, en el que aparece postrada sobre una mancha de sangre en una cama del hospital. En el horizonte desolado se divisa el perfil industrial de la ciudad, Frida llora, absolutamente sola.

renovadoras pero las expresa con bastante confusión³ y aunque ya ha dado sus primeros pasos en el mundo de la pintura ofreciendo muestras de gran talento su obra plástica aún no tiene una repercusión importante.⁴ Juan O'Gorman es un arquitecto jovencísimo con una cuidada educación y un serio compromiso político, tan audaz como inexperto, y que no ha viajado fuera de México. El enorme talento que llegó a mostrar en muchas obras posteriores no parece suficiente para explicar lo extraordinario de estas casas. En su construcción cristaliza el encuentro de tres personalidades geniales –O'Gorman, Kahlo y Rivera-, pero además aflora una cantidad importante de antecedentes sorprendentes que es necesario conocer para entender la enorme riqueza de esta obra. Todo eso es lo que cuenta este libro.

La obra racionalista de Juan O'Gorman obtuvo reconocimiento internacional desde sus orígenes⁵ pero posteriormente y durante varias décadas quedó relegada a una posición de segundo plano dentro de la historia de la arquitectura moderna en México. Varios motivos, de naturaleza diversa, pueden ayudar a explicar que una obra tan singular como estas casas, fuera privada durante tanto tiempo del reconocimiento que solo en las últimas décadas ha vuelto a recibir.

En primer lugar hay que considerar la distancia de las posturas conceptuales defendidas por Juan O'Gorman al principio y al final de su carrera como arquitecto: sostiene posiciones totalmente antagónicas que le llevan a dirigir en sus últimos años una dura crítica a la arquitectura que desarrolló en su primera etapa.⁶ Su arquitectura racionalista de los

---

³ "Cuando Juan O'Gorman, el arquitecto que no desea serlo, habla, es un poco difícil entender lo que dice..." Artículo publicado en Revista TOLTECA, marzo de 1932 incluido en VVAA. *Casa O'Gorman, 1929*. Instituto Nacional de Bellas Artes. México DF, 2014, p.29
⁴ En 1931 ganó el primer premio en un concurso de pintura convocado por la Compañía de Cemento LaTolteca. Anteriormente había pintado frescos en algunas pulquerías de México DF.
⁵ Fue incluida en importantes publicaciones como la revista *Architectural Record*, o entre otros en los libros *The New Architecture in Mexico* de Esther Born en 1937, *Latin American Architecture since 1945* de Henry Russel Hitchcock en 1955 y *Builders in the Sun* de Clive Bamford Smith en 1967
⁶ En 1939 Juan O'Gorman permaneció seis meses junto con su esposa, la pintora Helen Fowler, en Pittsburgh preparando el proyecto para un mural por encargo de Edgar Kauf-

años 30, planteada como solución técnica a problemas determinados sin ninguna consideración plástica tal y como él mismo la describía, es sustituida hacia los años 50 por un entendimiento de la arquitectura con valores diametralmente opuestos: la integración en un entorno concreto reemplaza a la eficiencia de los métodos objetivos, el empleo intensivo de la artesanía a los procesos propios del mundo de la ingeniería y la figuración más explícita al lenguaje abstracto de los volúmenes puros y desnudos. Entre estos dos períodos tan diferentes su voluntario alejamiento del ejercicio de la profesión hizo que otras figuras ocupasen la primera línea en la transformación de la arquitectura mexicana de acuerdo a las necesidades sociales y a las posibilidades que el desarrollo de la técnica ofrecía y en la configuración de un nuevo lenguaje que expresara con mayor claridad la identidad nacional.

En segundo lugar, y en parte como consecuencia del punto anterior, cabe destacar la escasez y dispersión de documentación original conservada por parte de Juan O'Gorman. Algunos de sus planos nos han llegado con modificaciones introducidas aparentemente por él mismo, como es el caso de los planos de la casa para su padre. A pesar de ser consciente del valor de la obra como fundadora de un nuevo camino para la arqui-

mann. Estando allí acudió varios fines de semana a la casa de Bear Run proyectada por Wright "Hoy, que ya soy un poco viejo, tengo la impresión de que fue penoso no proseguir en las múltiples rutas de este gran arquitecto en México. Me arrepiento de no haber entendido el significado de la arquitectura orgánica en los años de mi juventud. Posiblemente si hubiera practicado las enseñanzas de Wright en vez del funcionalismo, habría dejado en mi patria una obra más importante en la arquitectura." O'Gorman, Juan. *Autobiografía*. Universidad Nacional Autónoma de México-Dirección General de Publicaciones/ Equilibrista. México DF 2007, p.165.
Su espíritu crítico llegó hasta el punto de valorar públicamente con dureza el edificio de la Biblioteca Central de la Ciudad Universitaria que él mismo proyectó junto con Gustavo Saavedra y Juan Martínez de Velasco. Poco después de finalizada la obra considera que los famosos murales de las fachadas –de los que fue el único responsable- no son suficientemente claros para el pueblo de México, que no hay relación armónica entre los mosaicos y la arquitectura que los soporta y que a su vez esta no responde a una expresión moderna y local de la identidad nacional. "Autocrítica del edificio de la Biblioteca Central de la Ciudad Universitaria" en Rodríguez Prampolini, Ida (ed.) *La palabra de Juan O'Gorman*. Universidad Nacional Autónoma de México-Dirección General de Publicaciones. México DF 1983, p.163

tectura en México, no duda en cambiar plantas y alzados de los planos originales conforme a los requerimientos de los inquilinos. Igualmente alteró otras construcciones suyas conforme a necesidades prácticas, sin que en ningún momento manifestase otra preocupación que atender las nuevas circunstancias de uso.[7]

En tercer lugar debemos tener presente la particular naturaleza de las memorias de Juan O'Gorman. Siendo un documento de gran valor, deben entenderse desde la forma en que se redactan: al igual que las memorias de Diego Rivera son un relato oral formulado varias décadas después de los hechos que nos interesan, recuerdos expresados en voz alta para que un interlocutor los trascriba.[8] El carácter propenso a la exageración y la fabulación por parte de Rivera es de sobra conocido, basta citar un testimonio significativo: cuando el biógrafo de Diego Rivera, su amigo y también comunista comprometido Bertram D. Wolfe, acomete una revisión 25 años posterior a la primera edición de su biografía editada en 1939 considera oportuno modificar el título *Diego Rivera: His Life and Times,* añadiendo un significativo adjetivo: *The Fabulous Life of Diego Rivera.* Esta capacidad de inventiva espontánea y fabulación en Rivera es parte sustancial de su forma natural de expresión y parece tener ciertos ecos en algunos episodios narrados por O'Gorman con un tono cercano a lo mítico.[9]

---

[7] En sus memorias cuenta también cómo destruyó algunos escritos en los que había empleado bastante tiempo, por considerarlos de poco interés. O'Gorman, Juan. *Autobiografía.* Universidad Nacional Autónoma de México-Dirección General de Publicaciones/ Equilibrista. México DF 2007, p.173

[8] Las memorias de O'Gorman son fruto de las entrevistas sostenidas con su amigo Eduardo Luna Arroyo durante 1970, editadas por primera vez en 1973. O'Gorman, Juan. *Autobiografía.* Universidad Nacional Autónoma de México-Dirección General de Publicaciones/ Equilibrista. México DF 2007

[9] Véase el episodio en el que O'Gorman cuenta que escala la torre de la catedral de México DF para conquistar a una chica saludándola desde lo más alto o el de su ayuno de casi cuarenta días como parte de un tratamiento curativo que siguió por recomendación del arquitecto racionalista Alberto Arai. O'Gorman, Juan. *Autobiografía.* Universidad Nacional Autónoma de México - Dirección General de Publicaciones/ Equilibrista. México DF 2007, p.76 y 172.
Juan O'Gorman por su parte afirma en sus memorias que Rivera, "hombre de gran imaginación, contaba los cuentos más fabulosos. Todo el mundo le llamaba mentiroso. Para mí

En cuarto lugar hay que considerar la voluntad prioritaria por parte de Rivera, compartida por Juan O'Gorman, de proponer un arte nacional libre de cualquier influencia extranjera como parte de la construcción colectiva de una identidad auténticamente mexicana y plenamente revolucionaria. Frida Kahlo, al lado de Diego, pasa de vestir falda y blusa negra y un broche con una hoz y un martillo como manifestación de su compromiso con la revolución de los trabajadores a hacer de sí misma un icono de mexicanidad femenina, con vestidos, peinados y adornos artesanales propios de la cultura popular.[10] Las influencias extranjeras podrían haber enturbiado a ojos de muchos el origen auténticamente autóctono de los principios de la nueva arquitectura.

En quinto y último lugar se deben señalar las derivas políticas de Rivera dentro de la izquierda revolucionaria. Al igual que O'Gorman, Diego Rivera es una figura tan atractiva como compleja, más allá de la inevitable evolución e incluso transformación que puede darse en la vida de cualquier artista.[11] Tiene especial interés para el presente trabajo el tránsito realizado por el pintor desde la proximidad y apoyo de la línea de Trotsky y la amistad personal con el líder ruso en los años 30 hacia la reconciliación desde los años 40 con el Partido Comunista Mexicano, más afín

---

tales cuentos –que salían de su imaginación– transformábanse en las fantasías más interesantes que puede uno concebir". O'Gorman, Juan. *Autobiografía*. Universidad Nacional Autónoma de México-Dirección General de Publicaciones/ Equilibrista. México DF 2007, p.93

[10] Le Clézio, J.M.G. *Diego y Frida. Una gran historia de amor en tiempos de la revolución*. Ediciones Temas de Hoy, Madrid, 1994. (1ª ed. Editions Stock, Nueva York, 1993), p.75, 79

[11] De tal circunstancia puede dar buena idea la publicación de sus textos polémicos en 2 volúmenes que recogen el período entre 1921 y 1949 y entre 1950 y 1957, con un total de 729 páginas. El historiador Rafael López Rangel relaciona hasta 202 conferencias dictadas entre los años 1944 y 1956 en el Palacio de Bellas Artes y el Colegio Nacional. El año 1948 Diego Rivera se sometió a unas pruebas psiquiátricas diagnósticas en la clínica de su amigo, el psiquiatra Alfonso Millán. Según la crítica de arte e investigadora Raquel Tibol es probable que el motivo fueran sus "constantes bandazos políticos y emocionales". Los resultados del estudio lo describen en sus conclusiones como una persona con "un tipo de inteligencia combinativa y fantasiosa; grandes capacidades para el pensamiento abstracto y filosófico; impulsividad y una afectividad explosiva; irritable, sensitivo, muy inteligente y extravagante, introvertido y egocéntrico." Tibol, Raquel. *Diego Rivera. Luces y sombras*. Lumen, México DF, 2007, p.145

a la línea oficial estalinista. Esta trayectoria ayuda a entender que con el tiempo Rivera reste importancia a ciertas asociaciones –en concreto con los principales representantes del grupo productivista frontalmente opuesto a las políticas culturales de Stalin-, que altere su relato o directamente las silencie.

Todas estos motivos ayudan a entender que muchas de las circunstancias que hicieron posible en su momento levantar unas casas tan audaces hayan quedado relegadas durante tanto tiempo y al mismo tiempo aconsejan realizar una ponderación de los datos obtenidos de estas fuentes acorde a la fecha y circunstancias en que se producen y en la medida de lo posible otorgarles mayor credibilidad cuando pueden contrastarse con otras fuentes de procedencia diversa.

Concluida la restauración de las casas de Diego y Frida en 1996, una serie de exposiciones y artículos de impacto internacional permitieron poner de nuevo en valor esta obra y despertar un interés creciente que se ha ido extendiendo paulatinamente a otras obras de la misma época de O'Gorman. Posteriormente se terminó la restauración de la casa construida por él en la parcela contigua para su propio padre, la que muchos consideran primera vivienda plenamente moderna de Latinoamérica. Los estudios desarrollados hasta la fecha en relación a estas obras han tomado como referencia principal el testimonio de Juan O'Gorman recogido en sus memorias pero el relato que ofrece este texto no hace sino acentuar la sensación de asombro por el surgimiento aparentemente espontáneo de un planteamiento arquitectónico tan radical y tan puro, sin antecedentes que lo preludien ni un discurso intelectual que explique su gestación.[12]

Hasta la fecha la única alusión a posibles influencias extranjeras, con la excepción del libro de Le Corbusier *Vers une architecture* que el propio O'Gorman cuenta en sus memorias, es la contenida en el libro de Ida

---

[12] Precisamente este es el tema central del artículo de Toyo Ito, *El cuerpo extraño: las casas de Diego y Frida*, publicado en la revista japonesa SD, en el número de mayo de 1998 e incluido en castellano en VVAA. *O'Gorman*, Américo Artes Editores / Bital / Landucci Editores, México DF, 1999, p.147-157

Rodríguez Prampolini *Juan O'Gorman, arquitecto y pintor (1982).* En el capítulo dedicado a la *Ruptura con la tradición* menciona el impacto que tuvo la exposición del año 1925 de la URSS en París –proyecto expositivo de Maiakovsky y dirección artística de Rodchenko dentro del pabellón de Melnikov- sobre el entorno artístico y cultural mexicano y habla también muy brevemente de la influencia de los *constructivistas* y *productivistas* sin concretar ni los cauces ni las huellas de dicha influencia.[13] Al rigor académico que tiene el trabajo de Rodríguez-Prampolini hay que añadirle su cercanía personal con Juan O'Gorman, argumentos suficientes para considerar sus escritos como una fuente especialmente autorizada al hablar de las influencias recibidas por el arquitecto mexicano.[14]

Desde aquella mención a la relación de la arquitectura de O'Gorman con los productivistas soviéticos en ningún escrito se ha vuelto a aludir a esta importante conexión. En no pocas ocasiones Rivera se presenta a sí mismo como arquitecto y en algunos textos se menciona su decisiva participación en el proyecto de las casas. En toda su configuración y desarrollo. No es posible entender la construcción de las casas de O'Gorman para Diego y Frida sin ampliar la mirada, sin tener en cuenta, además

---

[13] El texto dice lo siguiente: "Además del funcionalismo de Le Corbusier otra influencia importante que recibió O'Gorman por esos años fue la de las nuevas teorías constructivistas y productivistas, surgidas a raíz de la Revolución de Octubre en la Unión Soviética. Estas teoría propagaron el fin del "arte por el arte" concebido como sistema estético y levantaron el nuevo arte de la ingeniería, la máquina y la economía como únicos medios posibles y deseables en la reconstrucción del mundo y el hombre nuevos." Rodríguez Prampolini, Ida. *Juan O'Gorman, arquitecto y pintor*, Universidad Nacional Autónoma de México-Dirección General de Publicaciones, México DF, 1982, p.28

[14] Una amistad que unió al arquitecto muralista con la investigadora y miembro de la Academia de Artes de México y con su esposo, el escultor Mathias Goeritz. O'Gorman evoca el apoyo recibido de ellos al hablar de la demolición de su casa en San Jerónimo 162: "La destrucción de la casa motivó varias protestas. Hizo la principal la inteligente esposa de Matías Goeritz, Ida Rodríguez, quien ha escrito un libro sobre surrealismo en México, en el que incluyó dicha casa como un ejemplo de arquitectura surrealista. (...) Mi amigo Matías Goeritz, igualmente, ha protestado y parece que escribió varias cartas a Estados Unidos, explicando la destrucción de la casa citada." O'Gorman, Juan. *La venta de mi casa de San Jerónimo Nº 162 a la señora Helen Escobedo y la destrucción de la misma por la ignorancia*, incluido en O'Gorman, Juan; Rodríguez Prampolini, Ida (ed.). *La palabra de Juan O'Gorman*. Universidad Nacional Autónoma de México-Dirección General de Publicaciones, México DF 1983, p.161

de estos tres increíbles actores, lugares cruciales como París, Moscú o Detroit; sin incorporar al relato, además de todos los nombres que hasta ahora se han asociado a la arquitectura de O'Gorman, a personajes próximos como Edward Weston, Tina Modotti o Manuel Álvarez Bravo, pero también a otros aparentemente lejanos como Vladimir Maiakovsky, Moisei Ginzburg, Sergei Eisenstein, Alfred Barr, Lev Trotsky, Henry Ford, Albert Kahn... y muchísimos más.

Diego Rivera y Juan O'Gorman delante de la casa de éste último
Autor desconocido.

POR UNA ARQUITECTURA
REVOLUCIONARIA

Insurgencia y emergencia

La revolución social de 1910 en México tiene como principal impulso la demanda de un cambio de régimen político, la sustitución de la dictadura personal ejercida durante tres décadas por Porfirio Díaz por un modelo democrático. A principios del siglo XX México era un país eminentemente agrícola, de población mayoritariamente indígena con un grado de alfabetización muy bajo. Su sociedad estaba fuertemente estratificada con una importante inercia heredada de la estructura postcolonial y la participación de la población indígena en la toma de decisiones era prácticamente nula. Los agentes revolucionarios inician entonces un fenómeno de transformación violenta multifocal que se rige mediante confluencias y divergencias de fuertes personalidades, en acuerdos parciales e intermitentes de aspiraciones e intereses. No es posible hablar de la revolución mexicana como un movimiento colectivo, unidireccional y homogéneo, que apoye la construcción coherente de un mismo ideal[15] y este es uno de los motivos de que el conflicto armado se prolongue durante tantos años y hasta un final difícil de precisar.[16]

---

[15] Octavio Paz se detiene a reflexionar entre los términos *revuelta, revolución* y *rebelión*: "Las diferencias entre el revoltoso, el rebelde y el revolucionario son muy marcadas. El primero es un espíritu insatisfecho e intrigante, que siembra la confusión; el segundo es aquel que se levanta contra la autoridad, el desobediente o indócil; el revolucionario es el que procura el cambio violento de las instituciones (...). A pesar de estas diferencias, hay una relación íntima entre las tres palabras. La relación es jerárquica: *revuelta* vive en el subsuelo del idioma; *rebelión* es individualista; *revolución* es palabra intelectual y alude, más que a las gestas de un héroe rebelde, a los sacudimientos de los pueblos y a las leyes de la historia." Paz, Octavio. *Política e Ideología. Revuelta, revolución, rebelión*. Publicado en *Corriente alterna*, Siglo XXI Editores, México DF 1967, p.185

[16] La mayoría de historiadores lo sitúan hacia 1920 aunque otros lo posponen hasta 1924 o incluso más adelante. Algunos de los acontecimientos que sirven para acotar el proceso revolucionario son los siguientes: en 1917 se promulgó la constitución, en 1920 se ejecutó a Venustiano Carranza y comenzó el breve período presidencial de Adolfo de la Huerta, el de Álvaro Obregón a continuación y en 1924 el de Plutarco Elías Calle.

Tina Modotti, *Campesinos leyendo El Machete* (periódico del Partido Comunista de México), *Manifestación y Hoz, canana y mazorca*

La transformación política emprendida en México implica desde sus orígenes distintos ámbitos de la realidad social y económica: el problema agrario, la distribución de beneficios obtenidos del trabajo y la educación nacional son algunas de las cuestiones prioritarias que no empiezan a mostrar una verdadera integración orgánica hasta que el proceso está muy avanzado. Estos asuntos van adquiriendo importancia dentro del nuevo proyecto de nación de una manera paulatina, sincopada y confusa y no comenzarán a cristalizar en una línea de mayor claridad hasta la llegada del gobierno presidido por Álvaro Obregón en 1920.

Edward Weston. *Pirámide del Sol*, y Vasijas México, 1923 y 1922 y *Steel: Armco*, Middletown, Ohio, 1922

En particular José Vasconcelos, Secretario de Instrucción Pública, impulsa una importante transformación cultural a partir de una identidad nacional fundamentada en la cultura mestiza: el conocimiento de la realidad mexicana, tanto física como cultural, es el punto de partida para el nuevo modelo social. A partir de ahí se busca el progreso de la nación, otorgando prioridad a los más desprotegidos. Las llamadas *misiones culturales* –el envío de equipos de especialistas que, apoyados en los maestros locales, ayudaban a la mejora de las condiciones sociales, económicas y culturales en las comunidades más alejadas– constituyeron una clara expresión del esfuerzo por hacer llegar hasta los rincones más alejados los beneficios del conocimiento, empezando por la alfabetización y sin descuidar el fortalecimiento de los valores autóctonos.

Entre las tareas prioritarias del período posrevolucionario destaca la necesidad de sustituir las expresiones culturales del anterior régimen por un nuevo imaginario, un modelo artístico alternativo que a un tiempo represente la nueva realidad nacional y contribuya a su consolidación. En la construcción de este imaginario adquieren especial relevancia tres valores culturales claramente definidos que encuentran apoyo en diferentes estratos, desde agrupaciones políticas y sindicales, órganos administrativos y movimientos artísticos y culturales.

Lo *prehispánico* es el primero de ellos. La dictadura de Porfirio Díaz había mantenido como principal referencia la cultura francesa de finales del siglo XIX y en un modo más amplio la europea y esto había dejado una importante huella en las instituciones artísticas y culturales. La nación que surgía de la revolución debía configurar una cultura propia y libre de influencias extranjeras y para ello se vuelve la mirada a la cultura precolombina, como la más auténticamente mexicana. Aunque desde la época de la dictadura ya se habían hecho descubrimientos arqueológicos de cierta relevancia, su importancia es menor frente a la instrumentalización ideológica aplicada con posterioridad a la revolución, fortalecida con el uso progresivo de métodos científicos y rigurosos en los estudios y excavaciones.

Lo *popular* es el segundo de estos valores. La revolución mexicana se identifica en gran medida con ideales sociales. Algunos de los focos revolucionarios tienen un marcado cariz de lucha de clases, especialmente en el ámbito rural del sur del país. En cualquier caso las reivindicaciones de defensa de campesinos y obreros se incorporan como seña de identidad desde la promulgación de la Constitución de 1917, una de las que más derechos sociales reconocían en la época a nivel internacional. Entre otras cuestiones, su redacción incluía un ordenamiento agrario relativo a la propiedad del suelo, el derecho a la enseñanza laica y gratuita, la libertad de expresión y de asociación de trabajadores y la jornada máxima de ocho horas.

Lo *moderno* es el tercero de los nuevos valores. En la técnica se depositan muchas de las esperanzas de mejora de vida para la población más pobre: era necesario potenciar la industrialización y tecnificación del país para sacarlo de su situación de atraso y pobreza y desde el gobierno se favorece la implantación de métodos científicos en el área de la sanidad y la educación según una postura laica materialista. Esto contribuye a preparar el camino para la aparición posterior de una *arquitectura técnica*, que aspirara precisamente a resolver las necesidades de alojamiento con el objetivo de obtener la máxima eficiencia.

El mundo de la pintura lidera rápidamente la renovación del arte en México y uno de sus principales protagonistas es Diego Rivera. El guanajuatense había disfrutado de una beca del estado de Veracruz que le permitió viajar a Europa para continuar su formación como pintor durante 14 años, entre 1907 y 1921.[17] Su lugar de residencia en aquel tiempo estuvo la mayor parte del tiempo en París, donde se integró en el medio de los pintores de vanguardia de la época, especialmente de los vinculados en el movimiento cubista. Rivera estuvo casado con la pintora rusa Angelina Beloff desde 1909 hasta su regreso a México en 1921, por lo que aprendió su idioma y tuvo una vinculación intensa con la comunidad de artistas rusos que vivían en la ciudad. Los relatos sobre la revolución de Octubre contribuyeron a formar en su mente una imagen totalmente idealizada de la situación política de la Unión Soviética, hasta el punto de plantearse ir a vivir a ese país donde se construía la nueva sociedad comunista.[18]

Entre 1920 y 1921 Diego Rivera recorre varias ciudades de Italia en compañía de David Alfaro Siqueiros, financiado por el gobierno de México. Ambos estudian a los pintores del Renacimiento y las técnicas y materiales de la pintura al fresco que aplicarían posteriormente en sus murales. En verano de 1921 Rivera regresa definitivamente a México, animado por Siqueiros[19] y por los proyectos del secretario de Educación Pública, José Vasconcelos.

---

[17] Su beca se prolongó desde su partida hasta 1914. Wolfe, Bertram D. *The fabulous life of Diego Rivera*. First Cooper Square Press edition, Nueva York, 2000 (1ª ed.1939), p.87

[18] Según su propio biógrafo y amigo comunista Bertram Wolfe, para entonces la filosofía política de Rivera era "una mezcla mal digerida de anarquismo español, terrorismo ruso, marxismo-leninismo soviético y agrarismo mexicano" Wolfe, Bertram D. *The fabulous life of Diego Rivera*. First Cooper Square Press edition, Nueva York, 2000 (1ª ed.1939), p.62. "...en 1921, en lugar de ir a Rusia, donde había sido invitado por el Comisario de Educación, fui a México para tratar de crear algo del arte que había estado ensalzando." Rivera, Diego. *The revolutionary spirit in modern art*. The Modern Quarterly (Baltimore) 6, no.3 (Otoño de 1932) p.51-57

[19] Siqueiros llegó a París a finales de 1919. Allí coincidió con Rivera, 10 años mayor que él. Su encuentro permitió a Diego conocer de primera mano lo que había sucedido en México durante los años de la Revolución y a Siqueiros introducirse en la vida artística de la vanguardia pictórica de París.

Edward Weston. *Retrato de Diego Rivera*, 1924 y autor desconocido *Diego Rivera y Frida Kahlo en la celebración del Día del Trabajador*, México DF, 1929

Portadas del periódico *El Machete*. Septiembre de 1924

Es algo más que la nostalgia de México sentida en París, en Madrid, en Roma, en todos los países, en fin, en donde he peregrinado (...) la causa que me impulsó a regresar a la patria. Además de ella, está mi deseo de estudiar las manifestaciones de arte popular, las ruinas de nuestro asombroso pasado, con objeto de cristalizar algunas ideas de arte, ciertos proyectos que abrigo, y que, si logro realizar, serán indudablemente los que darán un nuevo y amplio sentido a mi obra.[20]

---

[20] *Entrevista con el pintor Diego Rivera*, publicada el 21 de Julio de 1921 en el periódico *El Universal*. Digital archive and publications project at the Museum of Fine Arts, Houston. ICAA/MFAH, Registro ICAA 746976.

El movimiento muralista ocupa en poco tiempo un lugar de protagonismo privilegiado ofreciendo respuesta coherente a las inquietudes prioritarias del momento. Los primeros murales encargados por Vasconcelos los desarrollan Roberto Montenegro, Jorge Enciso y el Dr. Atl, pero el que tiene mayor repercusión en el arranque del movimiento es el mural pintado en 1922 por Diego Rivera en el anfiteatro de la Escuela Nacional Preparatoria. O'Gorman, estudiante por entonces de esta escuela, tiene el primer contacto con Diego Rivera mientras pinta estos murales. Con el tema de la historia de la filosofía y bajo el título de *La Creación*, Rivera emplea una iconografía deudora de las teorías del propio Vasconcelos, con una influencia europea aún muy marcada. Tras ver el resultado el propio secretario le sugirió y financió un viaje a Tehuantepec para nutrir su repertorio de imágenes auténticamente mexicanas.[21] A partir de esta experiencia se incorporaron a la tarea de cubrir los muros del edificio varios pintores jóvenes entre los que estaba David Alfaro Siqueiros. Posteriormente se uniría al grupo también el otro gran muralista, José Clemente Orozco.

La posibilidad de desarrollar un arte público y popular sobre un soporte de recepción colectiva, frente a la pintura de caballete asociada entre los comunistas a la propiedad privada y a la especulación capitalista por parte de las clases pudientes, se unió al desarrollo de nuevos contenidos al servicio de los ideales socialistas para establecer en el grupo una dinámica de marcada ideología bolchevique. En 1922 el Sindicato de Obreros Técnicos, Pintores y Escultores[22] recién creado y que reunía a casi todos los muralistas suscribía un ambicioso manifiesto "por el proletariado del mundo":

---

[21] Debroise, Olivier. *Figuras en el Trópico*. Océano, México DF, 1983, p.37 citado por de Anda Alanís, Enrique en *La Arquitectura de la Revolución Mexicana. Corrientes y estilos en la década de los veinte*. UNAM, Instituto de Investigaciones Estéticas, México DF, 2008. En 1930 Sergei Eisenstein, posiblemente aconsejado por Rivera, hará un viaje cinematográfico a esta tierra como parte del rodaje de su película inconclusa *¡Que viva México!*
[22] Esta asociación sucede al Sindicato de Artistas Revolucionarios y antecede a la Lucha Intelectual Proletaria, a la Liga de Escritores y Artistas Revolucionarios, al Frente de Artistas y Escritores Revolucionarios, entre otros.

Proclamamos que toda manifestación estética ajena o contraria al sentimiento popular es burguesa y debe desaparecer porque contribuye a pervertir el gusto de nuestra raza, ya casi completamente pervertido en las ciudades. Proclamamos que, siendo nuestro momento social de transición entre el aniquilamiento de un orden envejecido y la implantación de un orden nuevo, los creadores de belleza deben esforzarse porque su labor presente un aspecto claro de propaganda ideológica en bien del pueblo, haciendo del arte, que actualmente es una manifestación de masturbación individualista, una finalidad de belleza para todos, de educación y de combate.[23]

El objetivo de realizar un arte público para todos, y por lo tanto monumental, un arte para la revolución, adquirió un grado de politización tan alto que concluyó con la expulsión de los muralistas de la Preparatoria y el práctico cese de sus encargos por parte de organismos del gobierno.[24] Durante un tiempo el único que pudo prolongar su actividad como muralista fue Diego Rivera, aunque la fuerza del colectivo y probablemente las circunstancias conflictivas de sus orígenes favorecieron un impacto general en la cultura mexicana que resultó decisivo durante varias décadas. Esta influencia alcanzó también a la arquitectura y daría lugar junto con el funcionalismo de los años 30, a pesar de constituir

---

[23] El manifiesto se publicaría posteriormente en el número 7 de *El Machete*, publicación quincenal impulsada en 1924 por el Sindicato de Obreros Técnicos, Pintores y Escultores formada por José de Jesús Alfaro Siqueiros, Diego María Rivera, Xavier Guerrero, Fermín Revueltas, José Clemente Orozco, Ramón Alva Guadarrama, Germán Cueto y Carlos Mérida. *El Machete* se ofreció desde el principio para publicar los textos del Partido Comunista y desde mayo de 1925 fue su órgano oficial de comunicación.

[24] El 17 de Julio de 1924 el periódico *El Demócrata*, *diario independiente de la mañana*, publica la noticia: "...fueron cesados todos los pintores estridentistas que, encabezados por Diego Rivera, decoraban los muros de los edificios dependientes de ese Departamento de Estado. Al cesar estos pintores, se suspenderá la obra de decoración de la Escuela Preparatoria, del edificio de la Secretaría y del Estadio Nacional, que llevaban a cabo los artistas citados. La disposición del Dr. Gastélum (Subsecretario de Educación Pública y Bellas Artes) ha provocado diversos comentarios; la mayoría de ellos fueron aprobando de plano la disposición de que damos cuenta, agregando que debe ser completada con una nueva orden para que sean borrados los muñecos pintados en las paredes de estos edificios." Digital archive and publications project at the Museum of Fine Arts, Houston. ICAA/MFAH, Registro ICAA 758007.

mundos morfológicos muy alejados, a una asociación de complementariedad especialmente fructífera basada en la identidad de principios y objetivos.

La arquitectura, dominada mayoritariamente por miembros de clases altas en gran medida ajenos al proceso revolucionario y por tanto a sus aspiraciones sociales, concentra durante los primeros años posteriores a la revolución el foco del debate en la necesidad de definir una imagen arquitectónica más acorde a la nueva realidad nacional. Durante los primeros gobiernos revolucionarios se consolida la consigna de construir según el modelo virreinal para fortalecer los valores propios adoptados de la sociedad criolla novohispana frente al estilo del porfiriato de clara influencia europea. De forma simultánea surgen intentos aislados por enraizar la arquitectura posrevolucionaria con un lenguaje derivado de las construcciones prehispánicas, tendencia que tiene su origen en varios proyectos de finales del siglo XIX y se ve reforzada a principios del siglo XX por el desarrollo de los primeros estudios arqueológicos metodológicamente científicos.

Dos de los arquitectos con los que trabajó Juan O'Gorman siendo estudiante, Carlos Tarditi y sobre todo Carlos Obregón Santacilia, desempeñaron un papel importante en la consolidación del lenguaje arquitectónico neocolonial como la mejor representación de la identidad mexicana. A pesar de la posición preponderante del estilo colonial como postura casi oficial, sobre todo durante la segunda mitad de la década de los 20, se ensayaron otras posibilidades como el art decó, más cercano a los valores de modernidad que las vanguardias mexicanas asociaban al ideal revolucionario. Dentro de esta línea algunos edificios comenzaron a incorporar operaciones de abstracción formal, composiciones asimétricas y geometrías volumétricas más elementales que prepararon el camino para la llegada de una arquitectura más liberada de la inercia academicista.

O'Gorman hace un relato del período revolucionario en sus memorias en el que no hay alusiones políticas. Cuando se inicia el conflicto armado tiene solo 5 años y 15 cuando concluye. Entre 1909 y 1913 la familia reside en Guanajuato, donde su padre trabaja como técnico en una mina y a partir de entonces viven en la colonia de San Ángel de la ciudad de México[25]. Entre los recuerdos de aquella época se alternan escenas cotidianas de su infancia y educación con otras de violencia extrema y de penuria económica generalizada, propias del período revolucionario.

Juan O'Gorman O'Gorman –su padre irlandés y su madre, descendiente de emigrantes irlandeses, eran parientes- tenía una personalidad fuerte y compleja, que se desarrolló a través de oposiciones de gran intensidad. Recibió una cuidada educación, en la que su padre fortaleció la afición por la lectura en español e inglés y la práctica de la pintura. Juan se describe a sí mismo como hijo de dos personas contradictorias: su madre creyente, afectuosa y totalmente integrada e identificada con la cultura mexicana y su padre ingeniero ateo, estricto y amante del Imperio Británico. Su educación por tanto se desarrolla entre la exigencia del rigor paterno y los cuidados amorosos de su madre y abuela materna a las que identifica con todo lo mexicano. O'Gorman continuó aprendiendo pintura al lado de maestros como Antonio Ruiz el *corsito* siendo adolescente y de Joaquín Clausell durante los últimos años de la carrera.

Juan O'Gorman cursó estudios en la Escuela Preparatoria Nacional, donde coincidió con Frida Kahlo y conoció a Diego Rivera. Frida, con la que O'Gorman tuvo gran amistad siempre, escogió como fecha de su nacimiento el año de la revolución mexicana, aunque en realidad había nacido en 1907. De esta manera expresaba simbólicamente su deseo de identificarse con el surgimiento de la nueva realidad política. Tanto Frida como O'Gorman se implicaron en el movimiento comunista desde muy jóvenes, Juan se declaró simpatizante de la revolución de Octubre y frecuentó el Sindicato de Pintores sin pertenecer a ninguna organización política. Sus creencias socialistas se reforzaron de manera muy importante con la relación de amistad que mantuvo con Diego Rivera y marcaron de forma significativa su obra como pintor y como arquitecto.

---

[25] San Ángel es la colonia en la que se localizarían las casas estudio de Diego y Frida, además de las casas de Juan, Cecil y Edmundo O'Gorman. Una reseña biográfica detallada antecede al texto de memorias de O'Gorman. O'Gorman, Juan. *Autobiografía*. Universidad Nacional Autónoma de México-Dirección General de Publicaciones/ Equilibrista. México DF 2007, p.33-41

Estridentismo y vanguardia mexicana

La transformación de la sociedad mexicana tiene uno de sus principales motores en las vanguardias artísticas y culturales de la década de los 20 a través de un pulso contradictorio entre la inspiración y el apoyo en experiencias de otros países y la necesidad de construir una identidad nueva desde coordenadas esencialmente nacionales. A diferencia de lo que sucede en Rusia[26], el otro país en el que había triunfado el movimiento revolucionario, la comunidad de intelectuales y artistas de México se suma con diferentes grados de implicación a un movimiento en cuya elaboración conceptual y desarrollo material apenas ha participado. Las vanguardias artísticas en México surgen como un fenómeno posrevolucionario, que participa en la elaboración del ideal de nación y en su realización solo a posteriori.

Entre los movimientos artísticos de México en los años 20 el movimiento estridentista es sin duda el más duradero, el más fructífero y, dentro de las limitaciones de su capacidad transformadora, el que más influencia pudo tener sobre Juan O'Gorman. Se trata en realidad de un movimiento de origen literario iniciado por el poeta Manuel Maples Arce. Una mañana de diciembre de 1921 la ciudad de México descubrió al amanecer los carteles pegados con la proclama provocativa del n° 1 de *Actual*:

> Es necesario resaltar en todos los tonos estridentes de nuestro diapasón propagandista, la belleza actualista de las máquinas, de los puentes gímnicos reciamente extendidos sobre las vertientes por músculos de acero, el humo de las fábricas, las emociones cubistas de los grandes trasatlánticos con humeantes chimeneas de rojo y negro, anclados horoscópicamente junto a los muelles efervescentes y congestionados, el régimen industrialista de las grandes ciudades, las blusas azules de los obreros explosivos en esta hora emocionante y conmovida...[27]

---

[26] Maiakovsky, poeta ruso que estableció una importante relación de amistad con Diego Rivera, emprendió su actividad poética en la cárcel en 1909, estando preso por sus actividades políticas. Por el contrario Rivera se interesa por la política por primera vez en París, mientras completa su formación como pintor.
[27] Manuel Maples Arce, *Actual n°1*, en VVAA. *Vanguardia Estridentista. Soporte de la estética revolucionaria*. INBAL. Museo Estudio Diego Rivera y Frida Kahlo. México DF 2010, p.79

Portadas del n°2 y 3 de la revista estridentista IRRADIADOR. Ilustración de Diego Rivera y Fotografía de E. Weston, 1923. Germán List Azurbide. *El Movimiento Estridentista*, 1926

Este manifiesto fundacional presenta los puntos principales con un formato de periódico, que incluye un "Directorio de Vanguardia" en el que se enumeran, como referencia intelectual, cerca de tres centenares de nombres de escritores y artistas subversivos de varios países. La propuesta estridentista se acerca en sus formas y en sus intereses a algunas vanguardias europeas como el *dadaísmo*, el *futurismo* y el *ultraísmo* español, aunque con la clara voluntad de diferenciarse de ellas. Se presenta como una "vanguardia actualista" que ataca duramente las vías anquilosadas de los escritores y artistas conservadores para tratar de acercar el arte a la vida y llenarlo de la energía deslumbrante y tecnificada del mundo moderno.

El movimiento reunió a poetas y periodistas entre los que estaban Arqueles Vela y Germán List Azurbide y pintores como Jean Charlot, Fermín Revueltas, Leopoldo Méndez y Ramón Alva de la Canal, que fueron quienes desarrollaron la plástica estridentista de las ilustraciones de los libros y revistas editados. Contó además con la colaboración eventual de otros pintores como José Clemente Orozco, Diego Rivera, David Alfaro Siqueiros y los fotógrafos Edward Weston y Tina Modotti.

En 1923 Fermín Revueltas impulsó la revista *Irradiador*, que fue el principal medio de expresión del movimiento en sus primeros años. Tan

 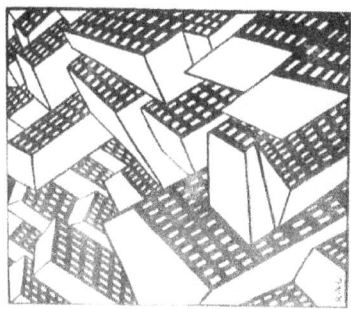 

Manuel Maples Arce. *Urbe, súper-poema bolchevique en 5 cantos*, 1924; Ramón Alva de la Canal. Urbe, ca. 1924; Fernando Leal, ca.1929

solo llegaron a editarse tres números, correspondientes a los meses de septiembre, octubre y noviembre, antes del cierre de la publicación. A pesar de su corta vida consiguió reunir colaboraciones muy relevantes.[28] A partir del 10 de enero de 1924 se publica en *El Universal Ilustrado* una sección literaria de la que fue responsable Maples Arce llamada "Diorama Estridentista", en la que se dio difusión a textos de diversos autores. Los primeros fueron los que se habían preparado para el número 4 de *Irradiador*, que no llegó a editarse. En 1925 Maples Arce se traslada a Jalapa, en el estado de Veracruz, para trabajar en el gobierno del estado y poco después le siguen otros miembros del movimiento. Allí lanzaron una nueva publicación periódica, *Horizonte* –que fue *"al mismo tiempo una escuela de acción y de energía"*-[29], entre abril de 1926 y mayo de 1927, con Germán List Azurbide como director. Con el tiempo las vinculacio-

---

[28] Además de la colaboración de Diego Rivera y Edward Weston en las portadas del número 2 y 3 respectivamente, el número 1 publicó un poema de Jorge Luis Borges, dentro de la intención de dar a la revista un alcance más cosmopolita.

[29] List Azurbide, Germán. *En el primer aniversario. Así se hizo Horizonte*. Horizonte: Revista mensual de actividad contemporánea, n°10, Jalapa, abril-mayo 1927 Digital archive and publications project at the Museum of Fine Arts, Houston. ICAA/MFAH, Registro ICAA 737652.

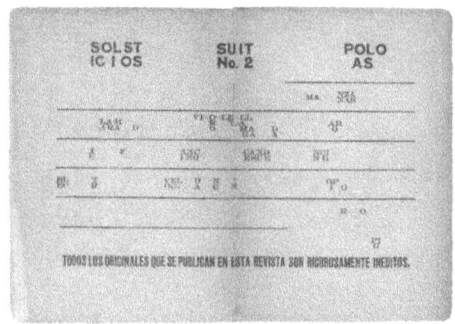 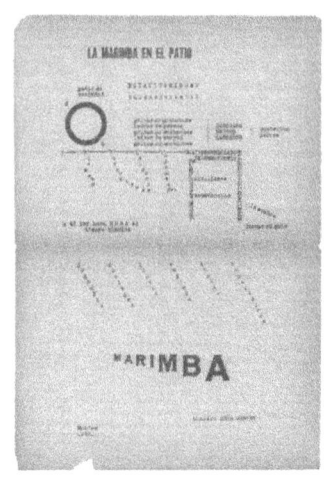

Autor desconocido. *Solsticios. Irradiador,* n°3 noviembre de 1923; Gonzalo Deza Méndez. *La marimba en el patio.* Irradiador, n°2 octubre de 1923

nes con la administración fueron generando ciertas controversias políticas en el movimiento, que terminaron por disolverlo.

El *estridentismo* fue en su primera etapa un movimiento de origen e intereses esencialmente urbanos, reacción a la exaltación nacionalista de los valores vernáculos. La evocación del dinamismo y la velocidad de la ciudad se traducían en una iconografía de vistas urbanas complejas: en muchas de sus imágenes se apiñaban volúmenes prismáticos simples reunidos en geometrías dislocadas y fachadas sin detalle alguno sembradas de huecos seriados. Una imagen cosmopolita y atormentada que en la ciudad de México por aquel entonces solo se podía imaginar. Las estampas urbanas de la *estridentópolis* imaginada y dibujada parecen avisar con resignación e incluso celebrar con fatalidad una realidad más inevitable que deseable y que todavía no había llegado.

Hasta 1929 el estridentismo tuvo vida con una actividad centrada principalmente en la literatura. Como seña de identidad exploró las posibilidades de la expresión visual tanto del contenido asociado con los textos como con su propio grafismo y estuvo en constante expansión hacia soportes multidisciplinares del mundo del cine, el teatro, la música, y la fotografía.

La motivación principal del estridentismo, su razón de ser, fue la renovación de los lenguajes artísticos, la actualización de sus expresiones frente al inmovilismo de los académicos sin que el compromiso político estuviera entre sus prioridades. Esta era, junto con la inspiración visual basada en el fenómeno urbano, la diferencia más notable con el movimiento muralista.

El mismo año del surgimiento del estridentismo, 1921, es el del lanzamiento por parte de David Alfaro Siqueiros de la publicación *Vida Americana*, y de sus *Tres llamamientos de orientación actual a los pintores y escultores de la nueva generación americana*. Este artículo con cierto tono de manifiesto constituye una introducción al primer y único número de la revista *Vida Americana*. En su texto Siqueiros señala influencias perjudiciales y nuevas tendencias, propone la preponderancia del espíritu constructivo[30] sobre el espíritu decorativo o analítico y concluye pidiendo el abandono de los motivos literarios, un retorno a la plástica pura y la universalización de los artistas mexicanos.

El grupo de los *contemporáneos* fue otro colectivo innovador con una repercusión bastante menor que la del *Estridentismo* tanto en el ámbito artístico como en el cultural. Aun así constituyen un contrapunto significativo por las diferencias esenciales de su propuesta. Hasta 1928 no se identifica con esa denominación su actividad pero puede rastrearse desde 1920 a través de exposiciones y publicaciones periódicas como *Falange* y *Contemporáneos*. Desde el seguimiento de las tendencias literarias europeas, sirvieron de referencia para algunos pintores importantes como Agustín Lazo, Julio Castellanos y Rufino Tamayo. Lejos de la acción colectiva políticamente comprometida y con gran repercusión mediática de los muralistas les une, paradójicamente, una exploración individual de la expresión personal en distintos ámbitos del arte. No siguen un programa de

---

[30] David Alfaro Siqueiros, como decíamos, coincidió algunos años de estancia en París con Diego Rivera y acudiría también a Moscú a la conmemoración del 10º aniversario de la revolución de Octubre en 1927. Se refirió a Rivera como su "maestro teórico". Schneider, Luis Mario. *El estridentismo, o una literatura de la estrategia*. Consejo Nacional para la Cultura y las Artes, México DF, 1999, p.7 citado en VVAA. *Vanguardia Estridentista. Soporte de la estética revolucionaria*. Instituto Nacional de Bellas Artes y Literatura. Museo Estudio Diego Rivera y Frida Kahlo. México DF 2010, p.73

acción con objetivos comunes ni una línea plástica compartida. Por ello, a pesar del empeño por la renovación de la expresión artística y sus valiosas aportaciones, resulta difícil ver en ellos una vanguardia.

En una línea similar de búsqueda individual de una nueva expresión artística personal y dentro de las figuras más sobresalientes de las artes plásticas de la época, se movían con gran independencia algunos fotógrafos importantes para la configuración del imaginario colectivo mexicano. Edward Weston[31], Lola y Manuel Álvarez Bravo y Tina Modotti aportan miradas muy personales e innovadoras que basculan entre la reinterpretación de contenidos vernáculos y la integración visual de las formas de la modernidad. Los cuatro estuvieron muy relacionados con el entorno de Diego Rivera y posteriormente también de Frida Kahlo y Juan O'Gorman. El año 1926 Diego Rivera escribía lo siguiente sobre Weston y Modotti:

> Son muy pocas las expresiones plásticas modernas que me hacen un goce más puro y más intenso que las obras maestras que se producen frecuentemente entre el trabajo de Edward Weston y confieso que prefiero la producción de este gran artista a la mayoría de las pinturas significativas contemporáneas.
>
> Pero es que el talento de Weston tiene su lugar entre los plásticos de primera fila del tiempo actual, aunque sea mucho menos célebre que ellos y que en su país, los Estados Unidos, no lo hayan descubierto aún completamente y en México, donde tenemos la suerte de que viva y produzca, lo ignoren… (…)
>
> Tina Modotti, la discípula, ha hecho maravillas de sensibilidad en un plano quizá más abstracto, más aéreo, tal vez más intelectual, como era natural para un temperamento italiano, cuyo trabajo florece perfectamente en México y se acuerda justamente con nuestra pasión.[32]

---

[31] En 1923 Weston llega a México. Diego Rivera visita su primera exposición y Weston anota en su diario: "Nada me ha alegrado más que el entusiasmo de Rivera. No fue una emoción pasajera, sino un disfrutar sereno y reflexivo, deteniéndose delante de algunas de mis fotografías. Las que sé que son las mejores." Weston, Edward, Nancy Newhall (ed.), *The Daybooks of Edward Weston*, Horizon Press, Nueva York, 1961.

[32] Rivera, Diego. *Edward Weston and Tina Modotti*., Mexican Folkways 2, nº6, México 1926.

Tina Modotti. *Hilos del telégrafo* e *Hilos del teléfono* México DF, 1925 y 1927.
Manuel Álvarez Bravo. México DF.

Edward Weston por aquellos años explota con sus imágenes las cualidades abstractas de geometrías y texturas en la naturaleza a distintas escalas. Tina Modotti se distingue por su compromiso político y social, que siempre antepuso a la fotografía y motivó una relación de profunda admiración por parte de Frida. En el caso de Manuel Álvarez Bravo su cámara captura momentos intensamente poéticos, que casi siempre desvelan una realidad subyacente de gran carga simbólica.[33] Estos fotógrafos

---

[33] Octavio Paz dedica un poema a Manuel Álvarez Bravo con certera sensibilidad: *Cara al tiempo*. "...Los títulos de Manuel no son cabos sueltos son flechas verbales, señales

tienen en común una búsqueda ininterrumpida de la belleza en cualquier aspecto de la realidad a la que apunta su cámara.

O'Gorman conoció, desde sus años como estudiante de arquitectura, los más importantes movimientos culturales mexicanos de la época. Por un lado su afición por la pintura le llevó a acercarse a distintos pintores que contribuyeron a su formación; por otra parte su amistad con Diego Rivera le permitió entrar en contacto directo con los principales artistas e intelectuales del México posrevolucionario. Esta atmósfera visual es el fértil sustrato cultural e imaginario en el que más adelante brotará su singular arquitectura incorporando además, como veremos más adelante, la riqueza de otras influencias menos conocidas.

encendidas. El ojo piensa, el pensamiento ve, la mirada toca, las palabras arden." Paz, Octavio. *Libro Vuelto,* Seix Barral, México DF, 1976.
André Bréton también se muestra seducido por la potencia evocadora de su fotografía: "Este poder de conciliación de la vida y la muerte es, sin duda alguna, el principal atractivo de que dispone México. A este respecto, mantiene abierto un registro inagotable de sensaciones, de las más benignas a las más insidiosas. No conozco nada que, como las fotografías de Manuel Álvarez Bravo, pueda descubrirnos sus polos extremos." André Bréton, *Recuerdo de México*, 1938, incluido en Bréton, André; Trotsky, Lev; Rivera, Diego. *Por un Arte Revolucionario e Independiente*, El Viejo Topo, Madrid, 1999, p.115

Maestros de O'Gorman: germen de racionalismo

Cuando en 1929 Juan O'Gorman acomete la que en adelante considerará su primera obra ha tenido tiempo de completar su formación trabajando en estudios de arquitectos importantes. En ellos ha colaborado en algunas obras que pueden ayudar a entender el origen de su radical propuesta. Carlos Obregón Santacilia y José Villagrán García fueron profesores de O'Gorman en la carrera, ambos formaron parte del grupo de arquitectos jóvenes que desde 1923 emprendieron la renovación de la enseñanza de composición en la escuela de arquitectura. O'Gorman colaboró también con los arquitectos Carlos Contreras y Carlos Tarditi.

La participación de O'Gorman en el despacho de Carlos Obregón Santacilia se produjo en dos períodos diferentes, entre 1924 y 1926 como estudiante y posteriormente entre 1927 y 1931 como ayudante suyo hasta que presentó su renuncia para hacerse cargo de la Oficina de Edificios de la Secretaría de Educación Pública mientras se construían las casas de Diego y Frida. Obregón Santacilia era un arquitecto joven, con tan solo nueve años más que O'Gorman, que comenzó su carrera profesional ganando junto a Carlos Tarditi el concurso para construir en 1922 el pabellón de México para la Exposición de Río de Janeiro. Esta obra le permitió acceder a un plano de influencia nacional y convertirse en uno de los arquitectos que participaron más activamente en el debate sobre la identidad de la arquitectura mexicana tras la consolidación política de la revolución. En la obra del pabellón apuesta decididamente por el estilo neocolonial para identificar la arquitectura de México frente a la imagen arquitectónica del régimen anterior, el porfiriato, de influencia francesa y estilo ecléctico.

Antes de desarrollar sus primeras obras de corte moderno Obregón construye otros proyectos en esta misma línea de estilo neocolonial. Destacan el centro escolar Benito Juárez en 1924 y el edificio de la Secretaría de Salubridad y Asistencia en 1925. O'Gorman describe la escuela de la siguiente manera:

> Durante la época anterior, la del secretario José Vasconcelos, se construyeron varias escuelas. Al arquitecto Carlos Obregón Santacilia le

Carlos Obregón Santacilia. Casa Morín vista exterior y de la escalera, México DF, 1929-31

encomendaron hacer la escuela primaria "Benito Juárez". La arquitectura escolar de las obras ordenadas por Vasconcelos fue del llamado "estilo colonial", en que se erogan enormes cantidades de dinero en elementos y formas "artísticas". Proyectábanse como si fueran conventos antiguos. La escuela "Benito Juárez" es uno de los ejemplos en el que la biblioteca remeda una iglesia y a sus lados los dos patios grandes, con las aulas de las clases y corredores, dan la impresión de ser dos conventos antiguos, anexos a la iglesia.[34]

En ambos edificios predomina la composición simétrica con huecos y lenguaje constructivo académicos. Aunque en el primero la decoración es claramente neocolonial, en el segundo es mucho más contenida. Además, en el proyecto de la sede de las oficinas para Salubridad, Obregón incorpora unos grandes puentes de acero bajo los cuerpos laterales para articular la relación de los volúmenes y permitir el paso de vehículos hacia la zona ajardinada interior al aire libre. Este espacio prolonga el desarrollo de la vida de las oficinas aprovechando el buen clima de la

---

[34] O'Gorman, Juan. *Autobiografía*. Universidad Nacional Autónoma de México-Dirección General de Publicaciones/ Equilibrista. México DF 2007, p.112

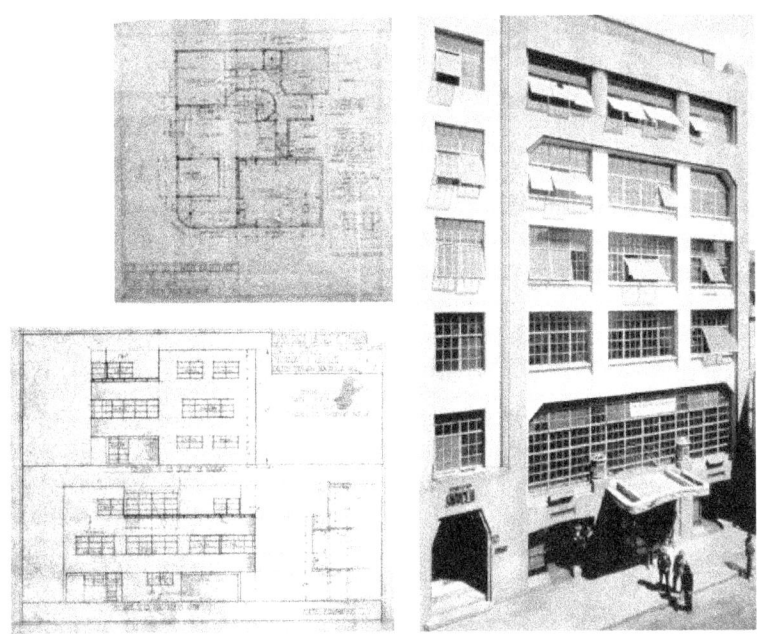

Carlos Obregón Santacilia. Casa Morín, alzados, sección y planta, México DF, 1929-31 y Edificio Santacilia. México DF, 1925

ciudad. En este recurso, similar al ensayado en el vano de planta primera de la fachada del Edificio Santacilia, puede identificarse un importante paso para la introducción de las modernas técnicas constructivas, previo a una integración natural de las mismas.

Con la casa Morín,[35] construida entre 1929 y 1931, Santacilia da un decidido paso adelante en una nueva forma de configuración de los volúmenes y espacios y en la utilización de un código estilístico claramente contemporáneo. Se trata de una vivienda en esquina de tres niveles en la que las

---

[35] Casa para Concepción Morín, viuda de Gómez. Fue la madre de Manuel Gómez Morín, que posteriormente ejerció como rector de la UNAM y participó en la fundación del Partido de Acción Nacional.

dependencias de servicio se alojan en la planta baja, los espacios principales en planta primera y los dormitorios de la familia en la segunda. La planta de acceso se retranquea bajo la curva de la esquina para proteger un *jardín de sombra* -este es el mismo término que utilizará O'Gorman para denominar el espacio libre a nivel del terreno bajo la construcción-, que acentúa la plasticidad de la ventana horizontal continua y curvada de la planta primera. El despiece del vidrio, igualmente horizontal y alineado con las ventanas de las dos fachadas laterales contribuye también a este efecto estilizado. El conjunto se configura como un potente juego de volúmenes en las tres plantas, ofreciendo en la baja un espacio ambiguo de transición entre el vallado exterior y la vivienda, en la planta noble un frente homogéneo alineado con las calles que da unidad al conjunto y en la planta superior varios retranqueos respecto a la esquina curvada. Esta disposición, unida a la ausencia absoluta de elementos decorativos y las ventanas en esquina, supone una ruptura importante con otras obras mexicanas de la época. En su proyecto y construcción colaboraron Juan O'Gorman y Enrique del Moral, que la vieron como un verdadero hito para la superación de las enseñanzas académicas:

> ...debido a que fue la primera casa con lineamientos claramente modernos que se realizó, causó gran impresión en el México de entonces, al grado que multitud de personas iban a visitarla durante la última etapa de su construcción.[36]

Unos años antes, en 1925, se había construido el edificio de oficinas Santacilia,[37] en el que la estructura de hormigón armado configura una retícula de fachada jerarquizada por niveles. La planta primera presenta en su frente un vano que equivale a tres crujías de la planta superior, en una disposición desafiante que interrumpe la descarga de los dos pilares centrales. La decoración se limita a algunas acanaladuras y remates concentrados principalmente en la planta de acceso, en un código cer-

---

[36] Enrique del Moral, *El hombre y la arquitectura, ensayos y testimonios*, México, Facultad de Arquitectura-UNAM, 1983, p.236.
[37] En una cantina de la planta baja de este edificio pintó Juan O'Gorman sus primeros murales.

cano a la inspiración prehispánica, la alternativa estilística de la época al lenguaje colonial para representar la nueva identidad de la nación. Los paños ciegos de fachada se reducen al mínimo y la modulación de las ventanas, de apertura en balancín, adquiere un protagonismo que, unido a la potencia de la estructura de hormigón armado casi desnuda, permite relacionarlo con la obra que desarrollaría posteriormente Juan O'Gorman.

O'Gorman siguió trabajando en el despacho de Santacilia mientras desarrollaba los proyectos y construcción de las casas para su padre y para Diego Rivera, entre 1929 y 1931. Presentó su renuncia en el estudio en 1932 para incorporarse como jede del Departamento de Edificios de la Secretaría de Educación Pública gracias precisamente a la mediación de Rivera, que invitó al secretario a conocer la obra de su casa.

El grafismo de los planos racionalistas de O'Gorman es claramente deudor de su participación en el despacho de Carlos Obregón Santacilia. A pesar de lo avanzado de los planteamientos de los proyectos descritos, la actitud del alumno y discípulo pronto muestra una línea mucho más comprometida en la superación de los códigos académicos y en la configuración de una arquitectura verdaderamente acorde a los nuevos tiempos. Carlos Obregón Santacilia siguió construyendo obras relevantes sin abandonar hasta mucho más adelante el empleo de los códigos estilísticos entre los que escogía para cada ocasión conforme a las circunstancias de cada proyecto.

La relación de O'Gorman con José Villagrán García fue más breve y no dio lugar a una gran afinidad personal.[38] Durante los años 1924 y 1925 Villagrán formó sociedad con Obregón Santacilia. Juntos construyeron el edificio para la Lotería Nacional, el Edificio Santacilia y unas casas de departamentos cercanas a la iglesia de San Miguel. El papel que Villa-

---

[38] "También trabajé con el arquitecto José Villagrán García en el edificio de La Granja Sanitaria de Popotla. Guillermo Zárraga encomendó a Villagrán García la terminación de estos edificios, que él había empezado. Trabajé poco tiempo con el arquitecto Villagrán porque me pagaba muy mal." O'Gorman, Juan. *Autobiografía*. Universidad Nacional Autónoma de México-Dirección General de Publicaciones/ Equilibrista. México DF 2007, p.83.

José Villagrán García. Granja Sanitaria en Popotla, vista exterior e interior, 1925

grán jugó en la definición de la arquitectura moderna en México fue mucho más relevante que el de Carlos Obregón Santacilia, tanto en el plano teórico del desplazamiento de las enseñanzas académicas en la escuela de arquitectura como en el plano del ejercicio profesional. La obra en la que colaboró O'Gorman en el despacho de Villagrán, la Granja Sanitaria de Popotla finalizada en 1925, figura sin discusión entre los primeros pasos de la arquitectura moderna del país con un grado de depuración formal que no había alcanzado ninguna otra arquitectura hasta ese momento en México. Pocos años después, en 1929, Villagrán confirma esta línea de trabajo con otro proyecto, el Sanatorio para Tuberculosos en Huipulco, a pesar de que de nuevo el conjunto está dominado por un potente eje de simetría junto con otros mecanismos compositivos académicos. Ambos proyectos se desarrollan con una destacada sobriedad geométrica muy innovadora para la época.

Villagrán desarrolló durante años, desde la cátedra de Teoría de la Arquitectura, un método proyectual basado en el análisis racional pormenorizado del programa de necesidades. A partir de este estudio proponía afrontar una solución lógica que integrara la plástica desde la correspondencia morfológica con las técnicas constructivas empleadas. Esto supone una alternativa coherente al uso de mecanismos académicos y lenguajes codificados, sin limitarse a sustituir un repertorio de estilos por otro más actual. Su teoría se nutrió de escritos de Gaudet, Durand, Reunaud, Violet le Duc y el mismo Le Corbusier y llegó a vertebrar la enseñanza de la arquitectura en México durante varias décadas.

Como experiencia aislada de introducción de una modernidad extranjera en México en 1929 los arquitectos Paul Artaria y Hans Schmidt proyectaron unas casas gemelas para las familias Behn y Zollinger en la línea de racionalismo radical que desarrollaron en Europa. Se trataba de dos familias emparentadas que vivían en México y acordaron un programa igual de zona de día en planta baja con cuatro dormitorios y un baño en planta primera. Esta planta tiene una terraza común dispuesta en galería a lo largo de toda la fachada orientada al sur con vistas hacia el Ajusco, volcán apagado situado cerca de la ciudad de México.

La edificación presenta dos frentes claramente diferenciados. Hacia la parte de los accesos las casas se perciben como organización de volúmenes sólidos y pesados con huecos rectangulares que los perforan. Se trata de una articulación muy similar a la utilizada por Villagrán en sus proyectos más avanzados de la época y unos años después por Juan Legarreta. La otra fachada en cambio se organiza mediante bandas horizontales de una gran ligereza y transparencia. La delgadez de las losas de hormigón, la esbeltez de los soportes metálicos de la terraza y la horizontalidad de la organización de paños ciegos delatan a esta obra como un fruto extraño en el contexto de la arquitectura mexicana de finales de los años 20. Al parecer Artaria y Schmidt no se desplazaron para visitar la obra y no se tiene constancia de contactos significativos por su parte con otros arquitectos mexicanos ni de que Juan O'Gorman conociera estas casas.[39]

Entre sus maestros de la Facultad de Arquitectura, O'Gorman menciona también por sus importantes enseñanzas al arquitecto Guillermo Zárraga y al ingeniero José Antonio Cuevas.

---

[39] En un artículo publicado en 1940 en México, Hannes Meyer incluye una breve reseña sobre estas casas. Meyer, Hannes. *El regionalismo en la edificación de la vivienda suiza*, publicado en Arquitectura n°7, México, 1940, incluido en Meyer, Hannes; Noelle, Louise (ed.) *Hannes Meyer. Pensamiento*. CONACULTA-INBA, México DF, 2002, p.1-7

> Les debo mucho a dos personas en mi carrera: al ingeniero José Antonio
> Cuevas, que me enseñó a entender lo que significa el conocimiento técnico de la profesión de arquitecto, y a Guillermo Zárraga, que me enseñó
> a entender la arquitectura en relación a la realidad mexicana y a odiar la
> ortodoxia y el sectarismo académicos tradicionales.[40]

O'Gorman mantuvo con el ingeniero José Antonio Cuevas una estrecha relación entre la admiración y la amistad y siempre le tuvo como una referencia para la resolución racional de problemas técnicos. Cuevas jugó un papel destacado en México en el desarrollo de cubiertas mediante superficies regladas y posteriormente en los primeros edificios en altura resueltos mediante cimentación flotante para zonas sísmicas.

A Guillermo Zárraga le atribuye O'Gorman su primer acercamiento a los textos teóricos de arquitectura europeos.[41] Fue un precursor de la renovación del cuerpo edilicio docente en relación con los nuevos modelos de enseñanza. Construidas entre 1925 y 1927 junto con Vicente Mendiola y Roberto Álvarez Espinosa, las Escuelas al Aire Libre son una serie de proyectos afrontados como ensayo a partir de la voluntad de ofrecer espacios de mayor libertad para favorecer el aprendizaje entre las comunidades más pobres.[42] Estas escuelas se situaron en zonas marginadas, por lo general zonas de asentamiento de población procedente del medio rural y ligada a actividades industriales. La naturaleza abierta de los espacios favorecía mejores condiciones de salubridad y permitía la adaptación de niños acostumbrados a pasar la mayor parte

---

[40] O'Gorman, Juan. Autobiografía. Universidad Nacional Autónoma de México-Dirección General de Publicaciones/ Equilibrista. México DF 2007, p.73
[41] O'Gorman, Juan. Autobiografía. Universidad Nacional Autónoma de México-Dirección General de Publicaciones/ Equilibrista. México DF 2007, p.71
[42] Guillermo Zárraga fue hijo del doctor Fernando Zárraga, que conoció el concepto de las escuelas al aire libre en un congreso celebrado en Francia a principios de los años 20. Tenía la teoría de que el medio ambiente moldeaba al hombre y era capaz incluso de determinar la modificación de las especies. Véase de la Rosa, Natalia. *Guillermo Zárraga, planificador. Utopías constructivas y la destrucción de la ciudad.* https://www.academia.edu/4828786/Urbanismo_y_Ciencia_Ficción

Hans Schmidt y Paul Artaria. Casas gemelas Behn-Zollinger, fachas sur y norte, México DF, 1929

Guillermo Zárraga y Vicente Mendiola. Inspección de policía y bomberos, México DF, 1928. Guillermo Zárraga, Vicente Mendiola y Roberto Álvarez Espinosa. Escuela Narciso Mendoza (escuela al aire libre), 1926

del tiempo al aire libre. Las actividades se organizaban o bien en una gran nave casi diáfana o en pequeñas unidades dispersas y abiertas situadas entre espacios exteriores para actividades artesanales y agrícolas, que en algunos casos dieron lugar a modelos de organización cooperativos. A pesar de tener ciertas reminiscencias decorativas, tanto neocoloniales como art-decó, la intención de racionalizar procesos y optimizar recursos concretada en la introducción en estas obras de nuevas técnicas constructivas -las vigas de hierro, las cubiertas planas de hormigón armado y los suelos de asfalto- constituyen un antecedente directo de las escuelas construidas por O'Gorman a partir de 1932.[43]

Estas enseñanzas y experiencias permiten al joven arquitecto conocer de primera mano y participar directamente en las propuestas que van abriendo camino para una nueva manera de entender la arquitectura. Junto con Juan Legarreta y Álvaro Aburto, O'Gorman tratará de reconducir y radicalizar estas novedades para que permitan un verdadero cambio en la arquitectura del país y la hagan impulsar la revolución social.

---

[43] En 1922 la revista de la Sociedad de Arquitectos Mexicanos publicó un texto de Guillermo Zárraga bajo el título "¿Vamos a imitar o vamos a interpretar?" En este y otros artículos posteriores incitaba a una reflexión sobre las necesidades y posibilidades propias de la sociedad mexicana en aquel momento como alternativa al debate estilístico. Canales, Fernanda. *La modernidad arquitectónica en México; una mirada a través del arte y los medios impresos.* Tesis doctoral ETSAM, Madrid 2013. p.50-51

RIVERA Y LOS PRODUCTIVISTAS

Rivera en Moscú

En Noviembre de 1927 Diego Rivera llega a Moscú como integrante de la comisión mexicana invitada a participar en la celebración del décimo aniversario de la Revolución de Octubre. Entre México y la Unión Soviética había una sintonía especial: ambos países se reconocían como los únicos en los que había triunfado una revolución social a pesar de las importantes diferencias en las políticas que se estaban implantando en cada uno de ellos. La apertura de la embajada de la URSS en México había potenciado no solo los contactos políticos y diplomáticos, sino también los culturales y artísticos. Diego Rivera acudió acreditado como miembro del Partido Comunista de México, delegado de la Liga Nacional Campesina, secretario general de la Liga Antiimperialista y editor de su órgano oficial *El Libertador*.[44]

Al llegar a Moscú, Rivera descubre sorprendido que es muy conocido allí. Maiakovsky lo ha dado a conocer como el primer muralista comunista del mundo, le ha concedido un lugar importante en el relato de su viaje a América y ha publicado fotografías de su obra en varios medios de comunicación. El poeta ruso había participado activamente en la configuración de las nuevas expresiones artísticas conforme a los principios de la revolución proletaria y era uno de los artistas de mayor prestigio en Rusia. Su papel resulta fundamental desde antes de la revolución de Octubre, primero en el *futurismo* ruso y posteriormente desde el *productivismo*. En 1925 había visitado México, donde fue recibido por Diego Rivera. El poeta llegó, tras una escala en Cuba, procedente de Francia[45] y con la intención de conocer los Estados Unidos. Maiakovsky no hablaba español, inglés ni francés así que el dominio del ruso por parte de Rivera

---

[44] Wolfe, Bertram D. *The fabulous life of Diego Rivera*. First Cooper Square Press edition, Nueva York, 2000 (1ª ed.1939), p.216

[45] Maiakovsky estuvo a cargo del proyecto expositivo y redacción del catálogo del pabellón soviético de la *Exposition Internationale des Arts Décoratifs et Industriels Modernes* de París. Rodchenko fue nombrado por Maiakovsky Director Artístico de los trabajos de decoración. Con toda seguridad Maiakovsky le habló a Diego Rivera del éxito del pabellón, de sus contenidos y del tono de celebración que le habían conferido. La delegación mexicana en París quedó muy impactada por la imagen transmitida por la Unión Soviética. Garrido Colmenero, Ginés. *Melnikov en París, del pabellón soviético a los garajes*. Tesis doctoral ETSAM, Madrid 2004. p.53

facilitó una relación en la que surgió una natural afinidad. Ambos podían reconocerse respectivamente como artistas ampliamente reconocidos y comprometidos en la transformación socialista de su país. Maiakovsky cuenta que Diego se movía como una nube, respondiendo a cientos de reverencias, estrechándoles la mano a los que pasaban a su lado y saludando a gritos a los que andaban por la otra acera. "Su espíritu extravagante y su hospitalidad han hecho que me enamore de México."[46]

Estos antecedentes ayudaron a que Rivera se integrara con facilidad en el medio artístico-cultural moscovita a su llegada en 1927. En seguida recibe invitaciones para participar en conferencias y coloquios, diseñar la portada de una revista,[47] escribir artículos e impartir clases como profesor de composición y pintura monumental.[48] El 24 de noviembre firma con Anatoli Lunacharsky, Comisario de Educación, un contrato para pintar un mural en la sala de recepción del alto mando del Club del Ejército Rojo.[49] Con el objeto de facilitarle el libre movimiento para

---

[46] La visita tiene cierto carácter oficial, puesto que la embajada soviética en México interviene para que el poeta pueda obtener el difícil visado para entrar en los Estados Unidos. Las impresiones del viaje quedaron recogidas en un libro publicado poco tiempo después del regreso a la Unión Soviética. Maiakovsky, Vladimir. *América*, Gallo Nero, Madrid, 2015 (1ª Ed. 1926)
[47] La Portada del nº12 de la revista *Campo Rojo (Krasnaya Niva)* sería su único trabajo de repercusión pública en la URSS, lo más cercano a lo que él denomina *arte monumental,* o de recepción colectiva.
[48] En la biografía de Bertram Wolfe se indica que Rivera fue profesor en la Academia de Bellas Artes (Fine Arts Academy) en Rusia. Es muy posible que se refiera a los Vkhutein, que habían sustituido a los Vkhutema en 1926.
En sus *Diarios Rusos* Alfred Barr anota que Rivera les lleva a conocer la escuela, el Vkhutein, el 19 de enero de 1928 (visitan la escuela tres días diferentes). Allí les presenta a David Sterenberg, con quien Diego había trabajado en su etapa cubista en París. Barr le pregunta por las diferencias entre la Bauhaus y los Vkhutein a lo que responde escuetamente: "Bauhaus desarrolla lo individual, mientras que Moscú desarrolla lo colectivo".
Barr, Alfred. *Russian Diary*. MIT Press October nº7, 1978. p.35
[49] Anatoly Lunacharsky ocupó entre 1917 y 1929 el cargo de Comisario de Cultura. Antes desarrolló una intensa actividad como escritor (*Arte y Revolución*, 1924; *Teatro y Revolución*, 1924, entre otros) y como crítico literario apoyó a Maiakovsky desde su época futurista. Junto con Bodganov y Avenarius formó parte del grupo Adelante (Vperiod), que desarrolló el ideal de cultura proletaria que en 1917 dio lugar al *Proletkult*. Dickerman, Leah; Rivera, Diego; Indych-López, Anna. *Diego Rivera: Murals for the Museum of Modern Art*. The Museum of Modern Art, Nueva York, 2011 p.16

Desfile 10º Aniversario de la Revolución Rusa, Moscú, 1927. Diego Rivera. Portada de la revista Campo Rojo (Krasnaya Niva) nº12, Moscú, 1928

Aleksandr Rodchenko. Vladimir Maiakovsky 1924; Autor desconocido. Maiakovsky en México, 1925

realizar los preparatorios necesarios, Lunacharsky le extiende una acreditación especial que contempla, además del trabajo contratado, la posibilidad de hacerse cargo de otros murales en la Biblioteca Lenin, en caso de que los primeros tuvieran buena aceptación pública. Había también interés por parte del Club Metalúrgico de realizar un encargo para pintar frescos sobre los muros de su sede en Moscú, por lo que la estancia inicialmente prevista para unas pocas semanas se prolongó de manera importante.

Rivera llena durante aquel tiempo varios cuadernos de dibujos. En los primeros toma apuntes de la celebración del aniversario de la revolución desde dos puntos de vista. Por una parte recoge sus impresiones del

Diego Rivera. *Bocetos*, Moscú, 1927

imponente desfile conmemorativo que pudo presenciar desde el palco de honor: las masas desplazándose acompasadamente como un solo organismo imponente. Por otra parte capta a través de los preparativos y participación de una familia concreta de trabajadores la adhesión popular a esta demostración de unidad.[50]

Poco a poco Rivera descubre las dificultades políticas que se viven en aquellos meses en la Unión Soviética. El enfrentamiento entre Stalin y Trotsky está en su punto más álgido. En octubre Trotsky había dirigido importantes manifestaciones de protesta contra las políticas del partido que habían sido disueltas por la policía; como líder de la "oposición de izquierdas"[51] Trotsky había sido relevado de sus funciones en el Comité Central; fue expulsado del Partido en diciembre de 1927, deportado a Kazajistán en enero de 1928 y sería exiliado fuera de la URSS en 1929. Sergei Eisenstein debió relatarle a Rivera cómo Stalin le obligó perso-

---

[50] Paradójicamente estos bocetos no servirían de base para murales soviéticos sino que serían adquiridos por Abby Aldrich Rockefeller y donados posteriormente al MoMA para ayudar a financiar la exposición monográfica de Rivera de 1931-1932.
[51] Recordemos que entre otros motivos de enfrentamiento Trotsky defendía la necesidad de una *revolución permanente e internacional*, frente a la consolidación del *socialismo de un solo país* impulsada por Stalin.

Aleksandr Rodchenko. Tatlin en el taller de madera y metal de los Vkhutein, Moscú, 1928.
Autor desconocido. Taller en los Vkhutein, Moscú, 1928

nalmente a cambiar el montaje de la película conmemorativa de la revolución *Octubre*,[52] para suprimir una cantidad importante de escenas en las que el protagonismo de Trotsky o incluso de Lenin podía ensombrecer demasiado la figura del nuevo líder. Este es uno de los primeros ejercicios de censura con los que Stalin se aseguraría el máximo control sobre la información y propaganda de los acontecimientos en curso y sobre el relato de los hechos pasados.

El clima de enfrentamiento político se traducía no solo en forma de censura y manipulación de la información sino también en el establecimiento progresivo de una línea oficial de producción artística y cultural que dejaba a los movimientos de vanguardia en una posición muy com-

---

[52] "Stalin pasó la mañana del 7 de Noviembre de 1927 en la sala de montaje de las Oficinas Estatales de Cinematografía, cortando personalmente 900 metros de la película de Eisenstein." Wolfe, Bertram D. *The fabulous life of Diego Rivera*. First Cooper Square Press edition, Nueva York, 2000 (1ª ed.1939), p.215.
El borrado sistemático de la presencia de Trotsky en la documentación gráfica de la época escenifica la eliminación de su figura en el plano político y anticipa su posterior ejecución en México a manos de un agente de la KGB. Alfred Barr anota en su diario del viaje a Rusia que Eisenstein les permite visionar el 14 de enero de 1928 cuatro rollos de la película *Octubre*, que se suponía debía estar finalizada para el 10º aniversario de la Revolución y estrenarse el 7 de noviembre pero no se proyectaría en público hasta marzo del año siguiente. Barr, Alfred. *Russian Diary*. MIT Press October nº7, 1978. p.31

prometida, a menudo como sospechosos de instigar actitudes contrarrevolucionarias. Lev Trotsky consideraba el mundo de la cultura como otro frente de batalla en el que escritores y artistas eran los soldados. A diferencia de Stalin desarrolló una importante actividad intelectual y mostró siempre una actitud muy abierta hacia el mundo de la cultura y el arte, negándose con rotundidad a que ningún movimiento determinado, de los que proliferaron entre las vanguardias rusas, fuese considerado oficial o merecedor de un estatus privilegiado. Autor prolífico, defendía la construcción de la nueva cultura como una tarea fundamental pero inevitablemente plural, lenta y compleja. En su libro *Literatura y Revolución* analiza de forma sistemática y crítica, entre otras cuestiones, uno de los principales anhelos del mundo cultural revolucionario soviético: las posibilidades reales de que el arte proletario surgiera directamente de la clase proletaria.

> Se nos dice que el arte no es un espejo, sino un martillo, que no refleja, sino que modela. Pero también hoy se enseña el manejo del martillo con la ayuda de un espejo, de una película sensible que registra todos los elementos del movimiento. [...] Porque para que el arte sea capaz de transformar al tiempo que refleja es preciso que el artista tome distancia respecto a la vida cotidiana, de igual forma que las toma el revolucionario respecto a la vida política.[53]

Durante los meses que permaneció en Rusia Diego Rivera participó activamente en discusiones sobre la necesidad de un arte al servicio del proletariado y sobre las mejores condiciones para su desarrollo. A estas alturas el debate se centraba en la modalidad de la representación realista, una vez descartada la posibilidad de un arte de vanguardia abstracto que por su naturaleza intelectual y su origen burgués se presentaba como inaccesible para la clase trabajadora. Rivera se posicionó con una carta abierta publicada en el periódico *Revolución y Cultura* (*Revoliutsiia i Kul'tura*) en la que respaldaba el desarrollo de un arte comprensible por

---

[53] Trotsky, Lev. *Literature and Revolution*, Haymarket Books, London, 1925, p.120

los trabajadores -por lo que el realismo debía ser componente inevitable-, pero que al mismo tiempo expresara la naturaleza moderna de la sociedad proletaria. De esta manera Rivera se alineaba en contra de la inercia de los modelos tradicionales y académicos que representaba la AKhRR (*Assotsiatsia Khudozhnikov Revolutsionnoi Rossii* - la Asociación de Artistas de Rusia Revolucionaria[54]) y se aproximaba al grupo de los *productivistas*.

La hostilidad generalizada por parte de los artistas académicos, que estaban recuperando capacidad de influencia en las instancias oficiales, originó cada vez más dificultades para Diego Rivera que se sumaron a otras contrariedades. Durante el invierno tuvo que ser hospitalizado durante varias semanas debido a problemas sinusales agravados mientras dibujaba a la intemperie y con el tiempo fue descubriendo que la mayor parte de sus amigos soviéticos de París se habían exiliado de nuevo o habían dejado de dedicarse al arte. Por otra parte encontró demasiados obstáculos para desarrollar el encargo del Club del Ejército Rojo, hasta el punto de que no logró siquiera comenzar a pintar los murales. Finalmente recibió de Lunacharsky la indicación de que debía regresar a México y en mayo de 1928 salió de Rusia de manera intempestiva. Rivera siguió refiriéndose a los encargos recibidos en la URSS como trabajos pendientes para los que regresaría más adelante a Moscú. Escribió varios artículos sobre su estancia en Rusia en los que aprovechó para aclarar o matizar sus posturas respecto al arte revolucionario sin dejar de criticar la postura oficial conservadora del gobierno estalinista.[55]

---

[54] En Abril de 1932, junto con todas las demás asociaciones artísticas, la AKhRR fue disuelta pero los principios de su manifiesto, lo que se conoce como realismo socialista, sirvieron de base para la SSKh (*Soyuz Sovetskikh Khudozhnikov* - Unión de Artistas Soviéticos), organización única creada bajo el control del partido.

[55] Diego Rivera no regresó a Moscú hasta 1955 para someterse a un tratamiento médico contra el cáncer que padecía, invitado por la Academia de Bellas Artes de Moscú (*Moskovskaia Akademiia Khudozhestv*). Para entonces había sido expulsado del PC en 1929 y había logrado su readmisión en 1954, tras retractarse de muchas de sus críticas, por escrito y a través del contenido de su pintura.

(...) los artistas deberían haberles dado [a las masas rusas] un arte de gran calidad estética, en el que estuvieran contenidas todas las conquistas técnicas del arte contemporáneo, pero que fuera un arte simpe, claro y trasnparente como el cristal, duro como el acero y cohesivo como el hormigón, la trinidad de la gran arquitectura de esta nueva era mundial. Esta es una arquitectura que llegará desnuda e implacable, totalmente despojada de ornamentación.[56]

Para cuando se publica este texto, en marzo de 1932, han pasado casi cuatro años del regreso de Rivera a México y la obra de su casa diseñada por O'Gorman está muy avanzada. En la URSS se han confirmado los peores temores, Stalin ha impuesto definitivamente una dictadura personalista sostenida mediante el terror más absoluto y los artistas e intelectuales tienen que escoger entre exiliarse para buscar campos de libertad para su trabajo o someterse a las directrices oficiales.

[56] Rivera, Diego. *The position of the artist in Russia today*. Arts Weekly 1, no.1 (March 1932), p.6-7 Digital archive and publications project at the Museum of Fine Arts, Houston. ICAA/ MFAH, Registro ICAA 786545.

LEF, el frente artístico de izquierdas

> ...un grupo de individuos que serían descritos por cualquiera salvo ellos mismos como artistas, literatos, dramaturgos, pintores, críticos, cinematógrafos. Su espíritu es racional, materialista, su programa agresivamente utilitario. Desprecian la palabra "estético", rehúyen las implicaciones bohemias de la palabra "artístico". Para ellos, teóricamente, el individualismo romántico es aborrecible. Son comunistas.[57]

Esta es la descripción que hace Alfred Barr de los integrantes del grupo LEF (Levy Front Iskusstv, Frente Artístico de Izquierdas) para la revista *Transition* en otoño de 1928.[58] Alfred Barr había viajado a Europa acompañado de Jere Abbott con la intención de conocer personalmente las últimas aportaciones relevantes en el mundo del arte. Ambos eran historiadores del arte formados en Harvard con un gran interés en las expresiones artísticas y la arquitectura más avanzadas. A Barr le interesaba especialmente la pintura. Tras una estancia significativa en Alemania centrada en la Bauhaus de Dessau, surge la oportunidad de acudir a la URSS. Había muchas incógnitas en el resto del mundo sobre lo que ocurría realmente en el nuevo país socialista y era difícil discernir el grado de contaminación propagandista que podía tener la escasa información que llegaba.

A pesar de las facilidades y los contactos que les permitieron acceder a los estudios de los artistas más importantes, Barr casi no consigue ver pintura moderna en Moscú. Los artistas más importantes parecen haber perdido todo interés en pintar cuadros y los escritores no se interesan por la narrativa ni la poesía. Toda su actividad está marcada por la búsqueda de una objetividad materialista difícil de entender para un extranjero, basada en un término desconocido fuera de la Unión Soviética, la *factografía*, que a su vez proviene de un concepto pictórico, la *faktura*.

---

[57] Barr, Alfred H. *The "LEF" and soviet art*, Transition ⊠ 14 Otoño 1928, p.267
[58] En 1929 Barr fue nombrado el primer director del MoMA, cargo que ocupó hasta 1943. Abbott fue subdirector del museo entre 1929 y 1932. Entre diciembre de 1931 y febrero de 1932, de forma casi consecutiva, tuvieron lugar en el MoMA la exposición monográfica dedicada a Diego Rivera y la de arquitectura *International Style*, comisariada por Philip Johnson y Henry-Russel Hitchcock.

Los orígenes del concepto de *faktura* se pueden rastrear desde comienzos del siglo XX en varios textos que lo relacionan con la pintura de iconos. Vladmir Markov en un texto de 1914 habla de la incrustación en la obra de objetos tangibles que establecen un combate entre un mundo interior y otro exterior.[59]

Entre los constructivistas este concepto deriva en una nueva relación del arte con la realidad sustituyendo de alguna manera la representación por la inclusión directa en la obra de arte de fragmentos de la propia realidad. De una manera un tanto simplificada se puede definir también la *factografía* como la *descripción de hechos sin análisis o generalización.*[60] Esto implica la voluntad de transcribir, de captar o, incluso mejor, registrar una parte de la realidad de la manera más objetiva y aséptica posible. Precisamente el surgimiento de la factografía coincide con la generalización del uso de medios mecánicos de registro de la realidad, sea la imagen estática o en movimiento, el sonido, etc. Frente a los mecanismos de ficción o simulación la *factografía* impone la construcción de la realidad, a partir de ella misma como contenido. Por otra parte la objetividad *factográfica*, contemporánea de la *sachlichkeit* alemana, desplaza al sujeto como autor de la obra para sustituirlo por el propio contenido, que adquiere condición de protagonista. Esta nueva mirada se convierte en un recurso importante para superar la crisis provocada en la comunidad artística rusa por el período de la revolución y la guerra civil y en un argumento intelectual suficientemente operativo para posibilitar su integración en el nuevo modelo social. La atenuación de la idea de autoría sobre la obra de arte le confiere a ésta un valor social alejado de sospechas de individualismo burgués.

---

[59] Markov, Vladimir. *Icon Painting*, citado por Buchloh, Benjamin H.D. en *From Faktura to Factography*, October, vol.30 (otoño 1984), p.86
[60] Río, Víctor del. *Factografía. Vanguardia y comunicación de masas*. Abada Editores, Madrid, 2010, p.28

Anuncio de la revista Novi Lef. Tretiakov, Brik, Maiakovski, Rodchenko, Aseev, Kushner, Shklovski, Stepanova, Lavinski, Vertov, Eisenstein, Kirsanov, Neznamov, Zhemchuzhny, Pasternak y Pertsov.
En el centro portada del nº1, Moscú 1927.
Aleksandr Rodchenko. LEF n°1-2, portada, 1923.

 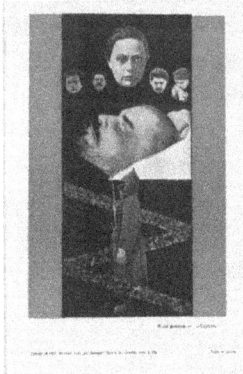 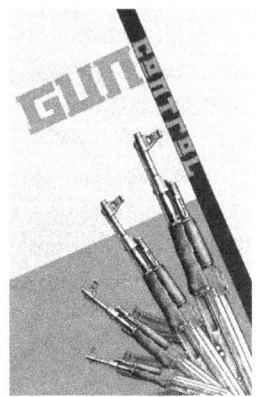

Gustav Klutsis, Autorretrato y cartel, 1928. Sergei Senkin, Gustav Klutsis y Aleksandr Rodchenko, *Joven Guardia*, Lenin, 1924. Gustav Klutsis y Valentina Kulagina, *Once dispositivos para el discurso de Lenin*, 1925

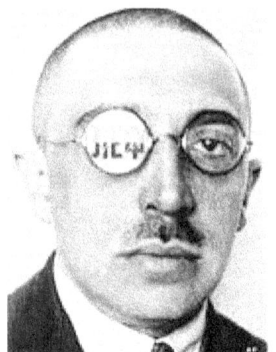 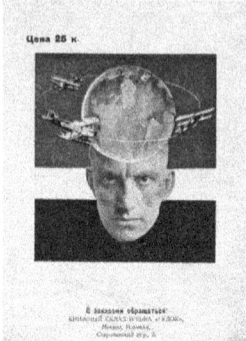 

Aleksandr Rodchenko. Fotomontaje de Osip Brik -LEF, 1924; Aleksandr Rodchenko. Contraportada del libro *Conversación con el inspector de finanzas sobre poesía*, Vladimir Maiakovsky, 1926; El Lissitzky, portada del libro de Maiakovsky Para la voz (Dlia Golosa), 1923

Dentro de esta misma línea de evolución del constructivismo hacia el productivismo, o en razonamientos bastante afines, se pueden circunscribir una serie de textos y obras importantes que avanzan en un camino sin retorno hacia la desaparición de la obra de arte, al menos tal y como se había conocido hasta entonces. La antología sobre *El arte en la producción* coordinada por Osip Brik en 1921, *Del caballete a la máquina* y *El último cuadro*, de Nikolai Tarabukin en 1923, *El arte en la revolución y la revolución en el arte*, de Tretyakov en 1923, *Arte y clases* y *Arte y producción* de Boris Arvatov en 1923 y 1926, son algunas de las obras que van construyendo una alternativa teórica, un importante giro a las aportaciones de las vanguardias rusas en favor de su integración en el programa revolucionario. Esta reflexión colectiva y progresiva se entreteje con la aparición de obras de arte que van estableciendo relevantes hitos en su desarrollo. *Cuadrado negro* y la serie de *Cuadrados blancos sobre fondo blanco* de Malevich en 1915 y 1916, los dibujos con regla y compás y *Colores puros: rojo, amarillo, azul* de Rodchenko en 1921[61] son algunos de los más importantes en la

---

[61] "Este es el fin de la pintura. Estos son los colores primarios. Cada plano es un plano y no habrá más representación" Rodchenko, Alexandr. *Trabajar con Maiakovsky*, citado por Buchloh, Benjamin H.D. en *From Faktura to Factography*, October, vol.30 (otoño 1984), p.88

 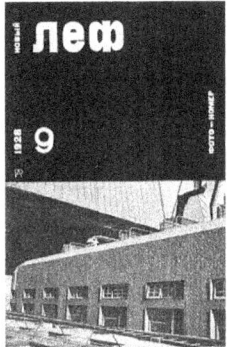 

Aleksandr Rodchenko. Portadas de Novi-LEF. 1928 n°1 y 9, y Novi-LEF n°3

evolución hacia la liquidación de la pintura como práctica artística. Este es el panorama que tanto desconcierta a Alfred Barr al llegar a Moscú a principios de 1928.

En 1923 Vladimir Maiakovsky, Osip Brik y Sergei Tretyakov, habían fundado la revista LEF (*Levy Front Iskusstv*, Frente Artístico de Izquierdas) para difundir las ideas desarrolladas por los *productivistas*.[62] En su mayoría eran artistas e intelectuales procedentes de distintos grupos de las vanguardias artísticas, muchos del futurismo ruso y sobre todo del constructivismo. La revista editó siete números entre los años 1923 y 1925 y en un segundo período entre 1927 y 1928 otros veinticuatro números bajo el nombre NOVI LEF (nueva LEF). Con portadas diseñadas por Rodchenko, contaba con la participación de los escritores y teóricos Boris Kuchner, Boris Arvatov, Vasily Kamensky, Viktor Schklovsky, Boris Pasternak y Osip Brik; los dramaturgos Vsévolod Meyerhold y Sergei Tretyakov; los pintores y artistas gráficos Alekséi Gan, Aleksandr Rodchenko, Varvara Stepanova, Liubov Popova, Vladimir Tatlin, Gustav Klutsis y los cineastas

---

[62] Tatlin, Stepanova, Rodchenko y otros escribieron su *Manifiesto Productivista* en 1921.

Lev Kuleshov, Dziga Vértov y Sergei Eisenstein. La finalidad de LEF era promover una profunda revisión de las prácticas artísticas para liberarlas del individualismo esteticista, dotarlas de verdadero compromiso revolucionario y ligarlas a la construcción de la vida. Su propuesta, con el carácter exhortativo de las vanguardias de la época, se formula desde el primer número de la revista LEF mediante proclamas dirigidas de forma general a los artistas soviéticos de la época.

> ¡Futuristas! Vuestros méritos artísticos son grandes, pero no creáis que podéis vivir de los intereses del espíritu revolucionario de ayer. Mostrad con vuestro trabajo para el día de hoy que vuestra expresión no es el lamento de desesperación del intelectual alcanzado en su centro, sino lucha, trabajo junto a todos los que aspiran al triunfo de la Comuna.
> ¡Constructivistas! Cuidaos de convertiros en una nueva escuela estética de moda. El constructivismo sólo en el arte no es nada. Lo que se juega es la cuestión misma de la existencia del arte. El constructivismo debe convertirse en la máxima ingeniería formal de toda la vida. El constructivismo en la ejecución de músicas pastorales es un absurdo...
> ¡Productivistas! Cuidaos de convertiros en artesanos, secuaces del arte aplicado. Educando al obrero aprended de él. Impartiendo órdenes estéticas desde vuestra mesa a la fábrica, os convertiréis en simples clientes. Vuestra escuela es la fábrica.
> ¡Vosotros los del *Opoyaz*![63] El método formal es la clave para la estudio del arte. La menor pulga debe ser tomada en consideración. Pero guardaos de la caza de pulgas en el espacio vacío. Sólo afianzando en el análisis sociológico del arte vuestro trabajo será no sólo interesante sino también indispensable.[64]

---

[63] *Opoyaz* era la Sociedad para el Estudio del Lenguaje Poético de Leningrado
[64] Artículo publicado en LEF N°1, 1923, incluido en *Constructivismo ruso*, Ediciones del Serbal, 1994

El Lissitzky, libro de Maiakovsky *Para la voz* (Dlia Golosa), 1923. Aleksandr Rodchenko. Portadas de Novi-LEF. 1928 nº 1 y 5

La acción de los productivistas se dirige de forma importante hacia la educación de las masas y cuanto tiene que ver con la información y propaganda y esto incluye todos los nuevos soportes tecnológicos: el diseño de carteles y folletos, edición de libros, producción cinematográfica y radiofónica, etc. Las nuevas herramientas de captación y registro de la realidad se unen a la mecanización de la producción artística para potenciar las posibilidades de recepción de la obra de arte por parte de grandes audiencias y se asocian como señal de identidad especialmente legitimada para la configuración de la sociedad proletaria frente a las prácticas tradicionales asociadas al anterior régimen.[65]

El cine se convierte en el medio privilegiado por su especial capacidad para llegar a los sustratos más populares de la sociedad. En el seno del grupo LEF los dos directores más importantes de la época representan los dos aspectos que mayor relevancia tuvieron en las prácticas productivistas. Por un lado Dziga Vertov desarrolla las posibilidades de captura objetiva de la realidad basadas en la *factografía*. Desde este plantea-

---

[65] Su condición de nuevos soportes asociados al progreso técnico y económico y su poder para la difusión haría de ellas en otros países un símbolo al servicio de las prácticas capitalistas.

miento aséptico y voluntariamente neutral hace valiosísimas aportaciones a un género documental incipiente. Por otra parte Sergei Eisenstein, procedente del mundo del teatro y discípulo de Vsevolod Meyerhold, utiliza los medios cinematográficos como cauce para hacer llegar a la población un mensaje que ayude a moldear su sentido de la colectividad.[66] Los dos autores representan el espejo y el martillo a los que aludía Trotsky al hablar de la función del arte respecto de la realidad social. Ambos colaboran de forma intensa en la revista LEF y juntos simbolizan las posibilidades del trabajador del arte en la captación y transformación de la realidad.

> El problema primero y fundamental del taller es cómo responder a todas las preguntas artísticas que ha suscitado la Revolución. El taller deberá convertirse en altavoz de la idea artística revolucionaria y comunista a fin de preparar un equipo (...) de artistas-propagandistas (...), obreros de la producción (...) armados hasta los dientes con todas las conquistas de la ciencia y la tecnología actuales.[67]

En medio de esta adaptación ideológica de los intelectuales y artistas rusos tiene lugar la visita de Walter Benjamin a Moscú. El escritor alemán permanece en territorio soviético entre diciembre de 1926 y febrero de 1927 y posteriormente escribe dos textos importantes: *El Autor como productor*, de 1934 y *La obra de arte en la época de su reproducción mecánica*, de 1935. Estos escritos deben leerse en relación con lo que Benjamin puede percibir allí, desde su interés por la aplicación a la vida real de las teorías marxistas y como parte del establecimiento de unas bases dialécticas para una nueva estética. En el primero de los textos desplaza el origen del arte como ritual hacia una funcionalidad al servicio del cambio político. Benjamin señala a Tretyakov, uno de los integrantes del

---

[66] A pesar de todo Eisenstein se esfuerza en enfatizar en su discurso los aspectos objetivos y racionales de su trabajo para darles primacía respecto de los dramáticos y narrativos: "Soy ingeniero civil y matemático de formación. Mi aproximación para hacer una película es la que tendría para el equipamiento de una granja avícola o la instalación de un sistema hidráulico. Mi punto de vista es completamente material." Barr, Alfred H. *The "LEF" and soviet art*. Transition ⊠ 14 Otoño 1928, p.269
[67] Klutsis, Gustav. *La revolución de los talleres*, en LEF, nº1 1924

Páginas de SA (*Sovremiénnaia Arkhitektura, Arquitectura Contemporánea*) n°1, 1927

grupo de los productivistas, como modelo de escritor "operante" por la dependencia funcional de su técnica literaria a la tendencia política "correcta". Alfred Barr describía de esta manera su postura:

> Es uno de los líderes de la *Neue Sachlichkeit* de la literatura rusa, aunque hace unos años era un influyente futurista. (...) Tretyakov parecía haber perdido todo interés en aquello que no se ajuste a su ideal de arte basado en un estilo objetivo, descriptivo y periodístico. (...) Ya no escribe poesía y se dedica exclusivamente al reportaje.[68]

Walter Benjamin señala como signos de verdadero progreso la ruptura con los géneros convencionales, el entendimiento del autor como productor de obras artísticas e incluso la disolución de la distinción entre autor y lector. De esta manera aspira a que la recepción de la obra se convierta en acción, frente a la tradicional recepción pasiva del espectador. El segundo texto mucho más conocido, además de señalar la pérdida

---

[68] Barr, Alfred. *Russian Diary*. MIT Press October n°7, 1978. p.14

del aura y la autenticidad -o cuando menos la percepción que se tiene sobre ellas- de la obra de arte por las nuevas posibilidades de reproducción de la misma, llama la atención sobre la manera en que los nuevos medios de producción mecánica inciden sobre las formas artísticas tradicionales. Los nuevos soportes implican inevitablemente nuevos modos de percepción y por lo tanto un nuevo arte y, lo que es más significativo, una manera diferente de entenderlo.

La participación de los artistas productivistas en el diseño de carteles, la edición de libros y revistas, folletos y otros medios de propaganda les permitió, además de la aplicación natural de las teorías desarrolladas, encontrar un medio de trabajo a pesar de la creciente oposición por parte de los órganos de la administración a las prácticas vanguardistas. El discurso productivista sirvió así de refugio en una época de restricciones crecientes en la disposición de recursos materiales, en las posibilidades reales de acceder al mundo de la producción industrial y en la libertad de desarrollo de innovaciones artísticas. La aspiración de transformar el medio físico de representación de la nueva sociedad, mediante la arquitectura y el urbanismo se recondujo hacia la figuración gráfica y las manifestaciones impresas de ese espacio social en los distintos soportes de comunicación. De esta manera las investigaciones sobre material y construcción de años anteriores se orientan durante estos años hacia el estudio de las posibilidades visuales de la tipografía y su combinación con la fotografía, el fotomontaje y el collage.

Producción y procesos

El primer número de la revista LEF publicado en 1923 contenía, además del manifiesto del grupo firmado por Maiakovsky, un importante artículo de su amigo el escritor y crítico literario Osip Brik titulado *¡A la producción!* En él se instaba a los artistas a "salir al mundo real, llevar el talento organizativo que se posee a donde se necesita: a la producción". Tras la revolución el nuevo gobierno de Lenin había marcado como una de sus líneas de acción prioritarias el desarrollo técnico e industrial del país. El grupo de los productivistas se interesó en hacer bascular la actividad artística desde su origen intelectual y burgués hacia el entorno de los trabajadores y en concreto al mundo de la fábrica. Se pueden identificar tres formas de aproximación relacionadas entre sí.

En primer lugar el crecimiento de la capacidad de producción masiva ayuda a reforzar el interés por el diseño para la producción de objetos de consumo generalizado como una forma de llegar directamente al proletariado y contribuir a la transformación de su vida desde la intimidad doméstica del consumo cotidiano. Este programa de acción creativa supone acercar el arte a la construcción directa de la vida, una de las señas de identidad de LEF, y trasladar el arte del ambiente elitista y sacralizado de los museos a los hogares de los trabajadores, a las calles y las plazas. La conciencia social de la vida cotidiana debe tomar lugar tanto en la producción material como en el consumo material para convertir su inercia conservadora en impulso de progreso. Los objetos serán funcionales y activos, mediadores y cooperadores de las tareas humanas. El reconocimiento de la sociedad será la garantía definitiva que legitime la producción creativa en esta primera vía.

En segundo lugar, y conforme a la ideología marxista del materialismo dialéctico, se produce una aplicación en el mundo de las artes de métodos científicos, tecnologías y sistemas de trabajo procedentes del mundo de la ingeniería. Esto se relaciona directamente con el mencionado desarrollo de la *factografía*, pero también supone un acercamiento de las tareas y métodos del arquitecto a los del ingeniero. Arvatov amplía la comprensión de la tecnología como la forma socio-material en la que cobra existencia la máquina.[69]

En tercer lugar, desde el entendimiento del arte como organización de la realidad, se fomenta una visión del artista como diseñador de procesos.

> El artista-productor (khudozhnik-proizvodstenik) en la producción está llamado, en primer lugar, a diseñar los aspectos procesuales de la producción. Para el trabajador en la producción, el proceso mismo de producción —que no es sino el medio de manufacturación del objeto- se convierte en el objetivo de su actividad.[70]

Un caso paradigmático de este planteamiento es el del escultor Karl Ioganson, que había participado en 1921 con sus brillantes *construcciones espaciales* en la exposición de la Sociedad de Jóvenes Artistas[71] al lado de Rodchenko y de los hermanos Stenberg. En 1923 Ioganson se emplea como trabajador en la fábrica metalúrgica Krasnyi Prokatchik (Laminador Rojo) donde, al lado de los trabajadores, desarrolla equipamiento que permite aumentar la productividad de manera significativa y en consecuencia mejorar las condiciones de los obreros. En realidad el papel del artista como diseñador de procesos tiene implícita su evolución hacia la ingeniería social: Ioganson solo abandonaría el trabajo en la fábrica para dedicarse a la organización de la producción al servicio del Partido.[72]

---

[69] Arvatov, Boris. *La vida cotidiana y la cultura del objeto (hacia la formulación de la cuestión).* Al'manakh Proletkul'ta, Moscú, 1925 (trad. Christina Kiaer) en OCTOBER 81 (verano 1997), p119-128

[70] Tarabukin, Nikolai. *Del caballete a la máquina*, citado en Kiaer, Christina. *"¡A la producción!": los objetos socialistas del constructivismo ruso* en *Los nuevos productivismos* (trad. y ed. Marcelo Expósito) Universidad Autónoma de Barcelona / Museo de Arte Contemporánea, Barcelona, 2010, p.23

[71] Algunas de las obras de Ioganson mostradas en esta exposición se pueden considerar precursoras de los *tensegrity*. según el término acuñado por Buckminster Fuller.

[72] Kiaer, Christina. *"¡A la producción!": los objetos socialistas del constructivismo ruso* en *Los nuevos productivismos* (trad. y ed. Marcelo Expósito) Universidad Autónoma de Barcelona / Museo de Arte Contemporánea, Barcelona, 2010, p.23

Aleksandr Rodchenko. Sergei Tretyakov, 1928. Varvara Stepanova. Diseño para ropa deportiva, 1923. Vladimir Maiakovsky y Aleksandr Rodchenko. Anuncio para galletas *Octubre Rojo* y caja para caramelos *Nuestra Industria*, 1923

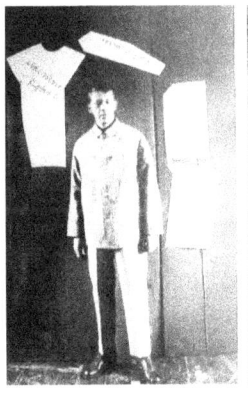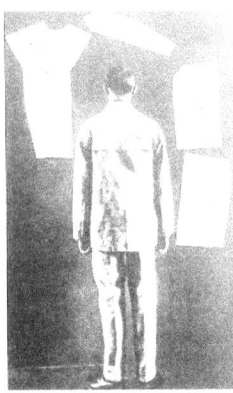

Vladímir Tatlin. Página de *Novi Byt* con chaqueta versátil, 1924 y *Ropa de trabajo*, 1923

Dentro de estos planteamientos se entiende que Tatlin pase de proyectar en 1920 el *Monumento para la Tercera Internacional*, a diseñar ropa de trabajo, utensilios de cocina y otros objetos de uso cotidiano o que Popova y Stepanova se dediquen al diseño de estampados y patrones para ropa. En este sentido es significativa la asociación de creativa complicidad que se produce entre la mirada innovadora de Rodchenko -su obra vibrante de dinamismo, diagonales, puntos de vista vertiginosos, contrastes violentos- y la potencia imaginaria de las formulaciones poéticas de Maiakovsky. Juntos regentaron una sociedad publicitaria en los tiempos de la NEP, la nueva política económica que durante unos años, superado el período armado de la revolución y la guerra contra el ejército blanco, estableció una tregua en la socialización de los medios de producción para favorecer la recuperación económica antes de que se implantaran los primeros planes quinquenales de Stalin. Desde esta agencia, *Reklam-Konstrukt* (Constructor de Anuncios), produjeron una cantidad importante de carteles y diseños publicitarios. Según el propio Rodchenko "todo Moscú estaba cubierto con nuestro trabajo. Hicimos unos cincuenta carteles, unas cien vallas, envoltorios, envases, anuncios luminosos, columnas publicitarias, ilustraciones en revistas y periódicos."[73] Los mecanismos de la mercadotecnia capitalista se instrumentalizaron en la Unión Soviética al servicio del desarrollo de la sociedad proletaria en uno de tantos cruces de operativas ideológicas que se produjeron durante aquellos años.

---

[73] Rodchenko, Varvara A. *Rabota s Maiakovskim*, citado en Kiaer, Christina. «¡A la producción!»: los objetos socialistas del constructivismo ruso en *Los nuevos productivismos* (trad. y ed. Marcelo Expósito) Universidad Autónoma de Barcelona / Museo de Arte Contemporánea, Barcelona, 2010, p.23

Tránsitos desde centro-Europa y hacia México

Este panorama de reconfiguración de la actividad artística desde las vanguardias en convergencia con los cambios políticos y sociales de la Unión Soviética sorprende a Alfred Barr y Jere Abbott a pesar de que conocen los planteamientos de la nueva objetividad alemana. Los jóvenes estadounidenses llegaron a Dessau el 4 de diciembre de 1927 y según parece partieron de la Bauhaus hacia Moscú unas semanas después sin llegar a advertir la situación de transformación convulsa que atravesaba la institución.[74] Antes de que transcurrieran dos meses, el 3 de febrero de 1928, las dificultades económicas, la complicada situación política y los enfrentamientos internos concluyeron con el anuncio oficial de la dimisión por parte de Walter Gropius como director de la escuela junto con el nuevo nombramiento en favor de Hannes Meyer. Tan solo un año antes, en febrero de 1927, Meyer había aceptado dirigir el nuevo departamento de arquitectura y en una carta remitida a Gropius hacía una declaración de principios rotundamente explícita: "La tendencia básica de mi enseñanza será absolutamente funcionalista, colectivista y constructivista en el sentido de ABC y *El Nuevo Mundo*."[75] Con Meyer al mando de la escuela la educación se orientó hacia un funcionalismo radical bastante similar al que propugnaba en la URSS el grupo de los productivistas.[76] Las discipli-

---

[74] Hochman, Elaine S. *La Bauhaus. Crisol de la modernidad*. Paidós Transiciones, Barcelona, 2002 (1ª ed.1997), p.309
[75] Hochman, Elaine S. *La Bauhaus. Crisol de la modernidad*. Paidós Transiciones, Barcelona, 2002 (1ª ed.1997), p.302 En *El Nuevo Mundo*, publicado en 1926, Meyer habla de la arquitectura como resultado de una fórmula: la función multiplicada por la economía; la construcción pura es, según él, el rasgo característico del mundo de las formas. El discurso teórico desplegado en este texto, en *Construir* y *El arquitecto en la lucha de clases* es muy próximo al del joven O'Gorman. Meyer, Hannes. El Nuevo Mundo, publicado en Das Werk, Zurich, 1926, incluido en *Hannes Meyer. Pensamiento*. CONACULTA-INBA, México DF, 2002, p.1-7
[76] "Construir es organizar..." En el panel que Meyer presentó al concurso para la Peterschüle era mayor el espacio ocupado por cálculos, fórmulas y justificaciones que el reservado a los planos de la edificación. El proyecto tiene los mismos dientes de sierra en la cubierta que la casa de Juan O'Gorman para Diego Rivera o que sus estudios para agrupaciones de viviendas en altura; los huecos de ventana se abren con la misma sintaxis racionalista que en la obra de O'Gorman, con todo el ancho de la crujía y siempre pegados al forjado superior para evitar estructuras secundarias y así reducir gastos.

El Lissitzky. Portada de la revista ABC. Autor desconocido. *Hannes Meyer en la azotea de la Bauhaus con estudiantes*, 1928. El Lissitzky, catálogo para la exposición sobre la URSS en Berlín, 1926

nas artísticas fueron arrinconadas al tiempo que se dirigía una atención creciente a otras materias de índole más científica como la psicología, la sociología y la economía. La hostilidad de Meyer hacia el arte abstracto y en general hacia las áreas creativas hizo que muchos profesores abandonaran la escuela desde 1928: Laszlo Moholy-Nagy, Marcel Breuer, Herbert Bayer, Oskar Schlemmer, Lyonel Feininger, Paul Klee...[77] Los equipos de trabajo se acercaron al mundo de la producción real y llegaron a colaborar con industrias y a desarrollar proyectos de patentes que invirtieron la situación económica de la Bauhaus anteriormente deficitaria. Para ello se creó una oficina mercantil de explotación que repartía los beneficios a partes iguales entre la Bauhaus, el taller correspondiente y el grupo de colaboradores que hubiera participado directamente. De esta manera no solo mejoró la situación económica de la escuela sino que "el camino de la liberación económica del alumno mediante su trabajo productivo en una obra común quedaba claramente trazado."[78]

---

[77] Hochman, Elaine S. *La Bauhaus. Crisol de la modernidad*. Paidós Transiciones, Barcelona, 2002 (1ª ed.1997), p.325
[78] Meyer, Hannes. *Bauhaus Dessau 1927-30. Experiencias sobre la enseñanza politécnica*,

Hannes Meyer en la exposición de trabajos de la Bauhaus, Moscú, 1931. Hannes Meyer. Revista Bauhaus, n° 2/3 (1928), ca.1929

Existieron ciertos contactos entre los Vkhutein rusos y la Bauhaus[79] pero a pesar de la aproximación ideológica que propició Meyer con el comunismo no se puede hablar de una línea de enseñanza común ni de una colaboración estable entre ambas escuelas. Bajo la dirección del arquitecto suizo, e impulsadas personalmente por él, se incrementaron notablemente las actividades políticas entre los alumnos de la Bauhaus hasta generar una situación insostenible en las relaciones con el gobierno de la ciudad. Esta situación no tardó mucho en desembocar en un nuevo cambio de director.

Tras su destitución, en octubre de 1930, Hannes Meyer viajó a la Unión

---

publicado en Edificación n°34, México DF, 1940, incluido en Meyer, Hannes. *Hannes Meyer. Pensamiento*, CONACULTA-INBA, México DF, 2002, p.55
[79] En 1928 una delegación de la Bauhaus visita los Vkhutein (Instituto de Enseñanza Superior del Arte y de la Técnica). En 1929 Hannes Meyer propone un intercambio de estudiantes que no prospera debido a su destitución como director. En 1931 se celebró una exposición en Moscú de trabajos de la escuela de Dessau, poco antes de su cierre. Algunos profesores soviéticos dieron clases en la Bauhaus; El Lissitzky, que estuvo implicado con el grupo ABC, fue el que mantuvo la relación de una manera más prolongada con ambas escuelas. Sica, Paolo. *Historia del Urbanismo*, Gius, Laterza, & Figli Spa., Roma, 1978, p.279

Soviética junto con el equipo de arquitectos de Ernst May.[80] En Moscú formó una brigada de trabajo con un grupo de estudiantes comunistas provenientes de la Bauhaus con la intención de participar en la construcción de la nueva sociedad: "Voy a trabajar en la URSS, donde una auténtica cultura proletaria se está forjando, donde el socialismo está surgiendo y donde existe ya la sociedad por la que hemos luchado bajo el capitalismo."[81] Allí permanece trabajando en diversas instituciones ligadas a la construcción, el planeamiento y la enseñanza, hasta que en 1936 tiene que abandonar el país como le sucedió a muchos otros extranjeros. Meyer se muestra profundamente decepcionado: "...soy un europeo occidental, una mezcla de *Alemanne* y Hugonote, y no puedo aportar algo *nacional* a la arquitectura soviética. Para usted y sus colegas sigo siendo un frío racionalista metódico. Esto significa un incompetente. ¡Es por eso que me voy!"[82]

En 1938 Meyer imparte dos conferencias en la Escuela de Arquitectura de la Academia de San Carlos de México que le sirven como carta de presentación en el país. En la primera, bajo el título *La formación del arquitecto*, defiende una visión del arquitecto como "ordenador y plastificador del proceso de vida de su sociedad". En la segunda, bajo el título de *Experiencias de urbanismo* da cuenta de su aprendizaje en la planificación de ciudades durante su estancia en la URSS.[83] Hannes Meyer vivió en México hasta 1949, animado por la posibilidad de dar desarrollo a sus inquietudes sociales y políticas:

> Las razones que me animan a mí y a mi esposa (...) a inclinarme precisamente por México, radican en nuestra voluntad (ya comunicada verbal-

---

[80] Durante el primer plan quinquenal (1928-1932) fueron muchos los arquitectos extranjeros que acudieron a trabajar a la URSS. A partir de 1932 las condiciones para residir en el país cambiaron drásticamente.
[81] Rivadeneyra Barbero, Patricia. *Hannes Meyer. Vida y obra*, UNAM Facultad de Arquitectura, México DF, 2004, p.39
[82] Hannes Meyer, carta del 27 de julio de 1937 al profesor N.J.Kolli, publicada en *Hannes Meyer –Bauen und Gesellschaft- Schriften, Briefe, Projekte*, Dresde, 1980 pp.196-198, incluido en Meyer, Hannes. *Hannes Meyer. Pensamiento*, CONACULTA-INBA, México DF, 2002, p.X
[83] Meyer, Hannes. *Hannes Meyer. Pensamiento*, CONACULTA-INBA, México DF, 2002, p.1-7

Hannes Meyer con integrantes del TGP (Taller de Gráfica Popular), México DF, 1940. 1ª Exposición Nacional del CAPFCE. Mapa de la Red de Escuelas en Construcción, Palacio de Bellas Artes, 1945. H. Meyer, F. Mora, I. Ocampo y L. Bergner

mente a usted) de trabajar en un país socialmente progresista en donde podamos dar lo mejor de nuestra experiencia profesional, especialmente la obtenida en la Unión Soviética.[84]

En México Meyer participó en el Taller de Gráfica Popular, una interesante experiencia de creación colectiva en la que se integraban trabajadores provenientes de familias con pocos recursos económicos. También fue coordinador del Comité Administrador del Programa Federal de Construcción de Escuelas (CAPFCE), organismo que puede considerarse descendiente de la experiencia de las *escuelas del millón* de Juan O'Gorman. Desde este puesto Meyer colaboró en trabajos de organización de archivos y planos y de la fototeca y en la edición de la revista *Construyamos Escuelas*.

---

[84] Carta de Hannes Meyer a Gonzalo Vázquez Vela, de 17 de octubre de 1938, incluida en Meyer, Hannes; Noelle, Louise (ed.) *Hannes Meyer. Pensamiento.* CONACULTA-INBA, México DF, 2002, p. XII

En México su prestigio internacional como director de la Bauhaus y su firme compromiso político le aseguraron el apoyo de los arquitectos de ideología de izquierdas, especialmente de los jóvenes socialistas. Durante años trabajó como profesor del Instituto Politécnico Nacional desde donde impulsó, junto con varios arquitectos mexicanos, la creación del Instituto de Urbanismo y Planificación. En esta escuela Meyer aplicó su experiencia al frente de la Bauhaus y los conocimientos prácticos de planificación que pudo desarrollar en Moscú e incorporó un plan económico de aportaciones de varias instituciones oficiales y organismos financieros que permitiera facilitar el acceso a los alumnos de la clase trabajadora. El instituto tuvo una vida muy corta, de apenas cuatro años, debido a la fuerte oposición proveniente de otros arquitectos e ingenieros mexicanos, entre ellos alguien con quien estuvo enfrentado directamente: Juan O'Gorman.[85]

> En diciembre de 1939, después del estallido de la guerra, fui inscrito por Diego Rivera y otros 25 intelectuales mexicanos en la lista del Comité Americano DIES[86] que fue publicada en toda la prensa norteamericana y también en México. El profesor Bach no está desinteresado en esta lista, así que permitió al arquitecto trotskista Juan O'Gorman ponerme ahí como agente de la GPU (...) Cuando en la primavera de 1941, Trotsky fue asesinado nosotros, "Stalinistas" fuimos considerados inmediatamente sospechosos por esa banda. Por ello mi amigo Carlos Contreras pasó semanas enteras en prisión. El 21 de junio de 1941, por intervención directa del presidente A. Camacho,[87] fui despedido de mi oficina del Instituto Politécnico, por esas intrigas (...). Más tarde, en junio de 1942, (...) fui nuevamente involucrado en la organización del asesinato de Trotsky (...).[88]

---

[85] El motivo inicial de enfrentamiento, según Jorge Camberos Garibí, pudo ser que O'Gorman viera amenazada su posición destacada en el IPN como ideólogo de la arquitectura marxista, pero también debió ser decisiva la afiliación trotskista de O'Gorman y la estalinista de Meyer. Rivadeneyra Barbero, Patricia. *Hannes Meyer. Vida y obra*, UNAM Facultad de Arquitectura, México DF, 2004, p.51
[86] Meyer se refiere al *Comité de Actividades Antiamericanas*, presidido por Martin Dies.
[87] Debe de referirse a Manuel Ávila Camacho, presidente de la República entre 1940 y 1946.
[88] Carta de Hannes Meyer a Paul Artaria de fecha desconocida, incluida en Meyer, Hannes; Noelle, Louise (ed.) *Hannes Meyer. Pensamiento.* CONACULTA-INBA, México DF, 2002, p. XIV

Por estos años es cuando O'Gorman abandona por completo el ejercicio de la arquitectura y en la década de los 40 ya no construye ni un solo edificio. Tras años de intensa actividad, en los que construyó un importante número de obras racionalistas, su única vinculación con la arquitectura es su actividad teórica y docente. Diego Rivera mientras tanto, como veíamos, emprende un viaje político de retorno hacia la ortodoxia del partido comunista que pasa por el reconocimiento de Stalin como líder legítimo de las transformaciones sociales y políticas de la Unión Soviética.

Los productivistas rusos, al igual que el resto de movimientos de vanguardia soviéticos, habían visto en 1932 cómo con el Decreto de Reconstrucción de las Sociedades Literarias y Artísticas, bajo el argumento de preservarlas del riesgo de "ser un instrumento para cultivar el alejamiento elitista y la pérdida de contacto con las tareas políticas de la contemporaneidad",[89] se daba el paso definitivo para el control gubernamental total sobre la producción creativa: todas las asociaciones de artistas quedaron inmediatamente disueltas.[90] Los esfuerzos desplegados durante años por las vanguardias para aproximar sus posiciones a los ideales proletarios de la revolución no sirvieron para salvar la posibilidad de un programa de creación moderno e innovador. De hecho muchos de los argumentos esgrimidos en esta tarea se convirtieron en armas en manos de los conservadores, que acusaron a los vanguardistas de querer acabar con el arte. Los ideales revolucionarios se desviaron definitivamente en la Unión Soviética hacia un proceso totalitarista, represivo y culturalmente regresivo.[91]

---

[89] Comité Central del Partido Comunista (Bolcheviques). *Decreto sobre la Reconstrucción de las Organizaciones Literarias y Artísticas, 1932* en Bowlt, John E.(ed.) *Russian Art of the Avant-Garde*, The Viking Press, Nueva York, 1976, p.288-290
[90] "El 2 de abril de 1932 se publicó el decreto oficial que invitaba a todos los artistas, actores, músicos, arquitectos, escritores y cineastas, a disolver sus núcleos sectarios y a reunirse en organizaciones centrales, donde tendrían que continuar sus luchas fraternales por la cultura soviética. Pocos meses después fue fundado el SSA, Federación de Arquitectos Soviéticos." *El arquitecto Soviético*, incluido en Meyer, Hannes; Noelle, Louise (ed.) *Hannes Meyer. Pensamiento.* CONACULTA-INBA, México DF, 2002, p.78
[91] Los artistas de vanguardia soviéticos corrieron suertes dispares. Muchos de ellos se exiliaron y continuaron sus actividades en otros países de Europa o en los Estados Unidos.

Octubre, diez años después

Como reacción frente al retroceso de las políticas culturales de la Unión Soviética un grupo de destacados artistas comprometidos con los movimientos de vanguardia funda en Moscú en 1928, coincidiendo con la estancia de Diego Rivera, la asociación *Octubre*. La Declaración[92] de dicha asociación se publica en el número del mes de marzo de la revista SA (*Sovremennaia Arkhitektura*, Arquitectura Contemporánea) dirigida por Moisei Ginzburg, con la firma de veintiocho integrantes insignes.[93] Casi todos ellos son representantes destacados de los movimientos de la vanguardia artística rusa cercanos al productivismo. Entre los artistas firmantes del documento figura el propio Diego Rivera.

Unos meses antes, en diciembre de 1927, había tenido lugar en Moscú el XV Congreso del Partido en el que se debatió ampliamente en torno a cuáles debían ser las políticas culturales que permitirían asegurar el enriquecimiento cultural de los trabajadores. La asociación conservadora AKhRR (Assotsiatsii khudoznikov Revolyutsionnoi Rossii, Asociación de Artistas de la Rusia Revolucionaria) reafirmaba en 1928 su intención de materializar este objetivo mediante el desarrollo de un arte "más accesible" para los estratos menos preparados de la sociedad, con la celebración de una exposición en el mes de enero en la que se mostrarían las obras que representaban su postura y con la posterior publicación, en el

---

Otros se quedaron en la Unión Soviética y encontraron resquicios para seguir trabajando bajo la censura (Aleksandr Rodchenko, Sergei Eisenstein), algunos abandonaron la actividad creativa (Viktor Shklovsky, Dziga Vertov) o se adaptaron a la línea impuesta desde el gobierno (Moisei Ginzburg, los hermanos Vesnin). Fueron víctimas de la represión, entre muchos otros artistas, Aleksei Gan, Sergei Tretyakov y Gustav Klutsis, estos dos últimos ejecutados en 1937 y 1938 por sus actividades "anti-revolucionarias".
[92] *Octubre. Asociación de Trabajadores Artísticos. Declaración, 1928* en Bowlt, John E.(ed.) *Russian Art of the Avant-Garde*, The Viking Press, Nueva York, 1976, p.273-279
[93] Firman la declaración los teóricos Alfred Kurella, Ivan Matsa, Aleksei Gan y Aleksei Mikhalov; los arquitectos Moisei Ginzburg y Aleksandr y Viktor Vesnin; los directores de cine Sergei Eisenstein y Esfir Shub; los artistas gráficos Aleksandr Rodchenko, Aleksandr Alekseev, Mecheslav Dobrokovsky, Vasilii Elkin, Paula Freiberg, Paul Irbit, Gustav Klutsis, Alois Kreichik, Nicolai Lapin, El Lissitzky, Dimitrii Moor, Nikolai Sedelnikov, Sergei Senkin, Solomon Telingater, Bela Uitz, Vikto Toot, Aleksandr Deineka y Diego Rivera.

Aleksandr Rodchenko. *Camino de la manifestación, Pinar y Pionero.* 1932, 1927 y 1928

Sergei Tretyakov y Sergei Eisenstein. Teatro Proletkult, montajes de *El sabio* (obra original de Ostrovsky) y *Máscaras antigás* (interpretada en una fábrica de las afueras de Moscú, con la participación de sus trabajadores, 1923 y 1924)

mes de febrero, de una declaración. En su texto proclaman su obligación de transformar la realidad de manera auténticamente revolucionaria mediante la producción de formas artísticas realistas, comprensibles para las amplias masas de trabajadores, y de participar activamente en la construcción socialista con lo que denominan una labor socio-artística.[94]

---

[94] *AKhRR. Declaración de la Asociación de Artistas de la Revolución, 1928* en Bowlt, John E.(ed.) *Russian Art of the Avant-Garde*, The Viking Press, Nueva York, 1976, p.271-272

La declaración de la asociación concluye con el significativo eslogan *Arte para las masas*.

Las posturas de la nueva asociación *Octubre* no suponen una ruptura frontal con la ideología apoyada mayoritariamente por los organismos del partido sino que comparten la mayor parte de sus planteamientos: atribuyen al artista el papel de combatiente activo en el frente ideológico de la revolución proletaria, asumen el mismo objetivo prioritario de participar activamente en el desarrollo de la cultura de la nueva sociedad proletaria e incluso renuncian a las expresiones intelectuales de las formas abstractas que provienen del mundo burgués como un lenguaje inaccesible para el pueblo. Este planteamiento es fruto de un largo debate en el que tuvieron una influencia importante las ideas desarrolladas desde el *Proletkult* (contracción de las palabras *proletarskaya kultura*, cultura proletaria). Bodganov y Lunacharsky fundaron esta organización después de la Revolución de 1917, como estructura de participación del proletariado desde clubes locales para el desarrollo de una nueva cultura verdaderamente socialista. Las principales dificultades y puntos de conflicto de esta tarea se referían al papel de los agentes e incluso del patrimonio de la tradición cultural que provenían de otras clases sociales. Lev Trotsky se pronunció en favor de una transición paulatina, consciente de las dificultades para transformar los valores y modos de vida de toda una nación y por lo tanto para encontrar expresiones artísticas adecuadas para reflejar la nueva realidad y al tiempo ayudar a configurarla.

El punto clave de divergencia en la línea a seguir en una producción artística comprometida está precisamente en el surgimiento de la nueva *cultura proletaria*. La AKhRR se niega a que las manifestaciones de esta nueva cultura se produzcan mediante una invención de quienes se hacen llamar "especialistas en cultura proletaria". Por el contrario defiende que sean fruto del legítimo desarrollo del depósito cultural producido bajo el régimen capitalista. Las obras seleccionadas para la exposición de enero de 1928 no dejan lugar a dudas de que esto significa una apuesta por la continuidad de lenguajes artísticos tradicionales e incluso académicos.

Por el contrario la asociación *Octubre,* conforme a un pensamiento mucho más vanguardista, se opone frontalmente al regreso a las formas académicas prerrevolucionarias que defendía la AKhRR y propone la búsqueda de expresiones más acordes a la nueva realidad de la sociedad

Aleksandr Vesnin. Proyecto de intervención en la fachada de los Vkhutemas para el 10º aniversario de la Revolución de Octubre. Vkhutemas. Exposición de trabajos de estudiantes "Evidencia y Expresión de Masa y Peso", curso 1927-1928

para dos campos de trabajo interconectados: la propaganda ideológica (mediante fotografía, murales, carteles, escultura, cine, etc.) y el área de la producción y la organización del modo de vida colectivo (mediante la arquitectura, diseño industrial, festivales populares, etc.). La nueva asociación defiende que el triunfo de la Revolución de Octubre requiere una transformación igualmente revolucionaria en el mundo del arte, una ruptura con aquello que proviene de la anterior estructura capitalista burguesa y para ello es fundamental incorporar todos aquellos avances de la ciencia y de la técnica que contribuyen esencialmente al cambio de paradigma. Se trata de pasar del antiguo eslogan del período de transición *Arte para las masas* a un nuevo *Arte de las masas*.

> La principal tarea de este servicio del arte al proletariado es elevar el nivel ideológico, cultural y doméstico de los estratos rezagados de la clase trabajadora y de los trabajadores sometidos a la influencia de una clase ajena; su nivel sería elevado al del proletariado revolucionario industrial de vanguardia que construye conscientemente la economía y la cultura Socialistas sobre las bases de una organización, una planificación y una tecnología altamente desarrolladas.
>
> Estos principios ya fueron incorporados como la base de toda la estructura socioeconómica de nuestro gobierno y solo permanece retrasada en

este aspecto, por haber conservado las limitadas tradiciones artesanales. La tarea más urgente a día de hoy es eliminar la desproporción entre el desarrollo artístico y el desarrollo socioeconómico de nuestro país.[95]

La línea de formación en los Vkhutema (Taller de Enseñanza Superior del Arte y de la Técnica), transformados en Vkhutein (Instituto de Enseñanza Superior del Arte y de la Técnica) en 1926, desde hacía tiempo daba preferencia a la formación artística de las clases más pobres para contribuir a mejorar su situación y asegurar para el futuro artistas que aportaran soluciones desde la realidad del proletariado.

La declaración de *Octubre* señala como un importante legado los logros de las últimas décadas, las formas y técnicas artísticas configuradas desde metodologías racionalistas y constructivas, una valoración enfrentada directamente con la actitud conservadora de la AKhRR que propugnaba un regreso a las formas académicas. El recorrido de la vanguardia constructivista se presenta por parte de *Octubre* como punto de partida válido para crear nuevos tipos y un nuevo estilo para las artes espaciales que incorpore los últimos logros tecnológicos. En sus postulados los firmantes sostienen que el arte debe afectar creativamente a la vida y para ello todas las formas de arte espacial deben colaborar orgánicamente.

En la declaración publicada en marzo los líderes del productivismo señalan cinco líneas fundamentales de actuación:

- construcción racional, los problemas del nuevo alojamiento residencial, edificios sociales, etc.
- diseño artístico de objetos de consumo masivo fabricados industrialmente
- diseño artístico de centros para el nuevo modo de vida colectivo: clubes de trabajadores, salas de lectura, cantinas, salas de té, etc.
- organización de festivales masivos[96]
- educación artística

---

[95] *Octubre. Asociación de Trabajadores Artísticos. Declaración, 1928* en Bowlt, John E.(ed.) *Russian Art of the Avant-Garde*, The Viking Press, Nueva York, 1976, p.276
[96] En uno de sus poemas Maiakovsky anunciaba: *"las calles nuestros pinceles, las plazas nuestras paletas"*. Maiakovsky, Vladimir. *Orden nº 1 a los ejércitos del arte*.

A diferencia de lo que sucede entre los productivistas del grupo LEF, en las propuestas de *Octubre* no se niega la posibilidad e incluso la necesidad de las formas artísticas, sino que se enfatiza el carácter social de su finalidad y de su producción. Se diría que se presenta la asociación en una versión suavizada, renunciando a parte de los principios defendidos desde LEF, posiblemente con el fin de facilitar su aceptación por parte de las autoridades. Los puntos de acción señalados inciden enfáticamente en los valores irrenunciables de la nueva sociedad. El primero y el último resultan primordiales para entender algunos acontecimientos posteriores de la vida y de la obra de Diego Rivera y su influencia en el joven Juan O'Gorman.

El primero, relativo a la construcción racional, anticipa la construcción de las casas como acción revolucionaria y propagandista que diera un vuelco a la arquitectura producida en México. Este sería el detonante de la arquitectura racionalista de O'Gorman, una arquitectura que se entiende mejor desde las teorías productivistas, como solución racional a los problemas de alojamiento de las clases trabajadoras.

El último, referente a la trascendencia de la educación artística, ayuda a entender las particularidades del plan de estudios propuesto por Rivera en 1929 para la Escuela Central de Artes Plásticas de México que dirigió tras su regreso de la URSS como se verá más adelante. El cambio responde a la aspiración de formar una generación de artistas obreros especialmente capacitados para hacer surgir un arte nuevo verdaderamente proletario. La propuesta de Rivera contaría con una fuerte oposición por parte de académicos y de arquitectos conservadores y con el apoyo de algunos jóvenes arquitectos afines a las ideas socialistas entre los que destacaba Juan O'Gorman.

Dentro del grupo *Octubre* Diego Rivera representaba las posibilidades reales de la pintura mural como forma de arte revolucionario de producción y recepción colectiva -arte monumental, como define Rivera en su plan de estudios.[97] Se sitúa por tanto estratégicamente junto al cine, el

---

[97] "Corrolla (Rivera se refiere a Alfred Kurella), el camarada que estuvo encargado del trabajo de Agit-prop, organizó un grupo, *Octubre*, para discutir y hacer uso de los experimen-

teatro, los carteles de propaganda y la organización de eventos colectivos con sus quioscos, tribunas, etc.

La posición ideológica de la asociación *Octubre,* opuesta al dominio creciente de la línea estalinista, marcó la escasa actividad desarrollada por el grupo durante su corta vida. Pronto Ginzburg, Aleksandr y Viktor Vesnin y Aleksei Gan se sienten obligados a ofrecer aclaraciones respecto a la relación de la Asociación de Arquitectos Modernos (OSA, Ob'edinenia Sovremennikh Arkhitektorov) con *Octubre*.

> Algunos camaradas han interpretado nuestra participación en la asociación *Octubre* como un rechazo a los principios básicos constructivistas y un alejamiento de la Asociación de Arquitectos Modernos.
>
> Consideramos que esta interpretación errónea se debe al menosprecio hacia esta asociación surgida recientemente, que por primera vez ha llevado a la práctica la organización social de las nuevas disciplinas del trabajo artístico.
>
> (...) declaramos que la Asociación de Arquitectos Modernos, por sus estatutos y su organización, no puede considerarse una "agrupación artística" de la nueva corriente estética de la arquitectura, sino que se trata de una sociedad científica, que lleva a cabo una labor de búsqueda de los nuevos caminos de la arquitectura, que nos servirán para resolver de verdad los problemas vitales que nos ha planteado la Revolución de Octubre.[98]

Es muy posible que el nombre de la asociación *Octubre* fuese escogido con consciencia de los riesgos que suponía el enfrentamiento con la línea dominante, para legitimar sus posturas como continuación leal de los valores de la Revolución de 1917. Recordemos que los productivistas tenían una importante experiencia en la elaboración de eslóganes propagandistas y publicitarios para carteles y folletos -Maiakovsky formó

---

tos artísticos mexicanos." Rivera, Diego. *The revolutionary spirit in modern art.* The Modern Quarterly (Baltimore) 6, no.3 (otoño 1932), p.51-57
[98] SA número 3 de marzo de 1928, publicado en *Ginzburg, Moisei. Escritos 1923-1930.* Garrido, Ginés (ed.). Gustavo Gili. Barcelona, 2007. p.351

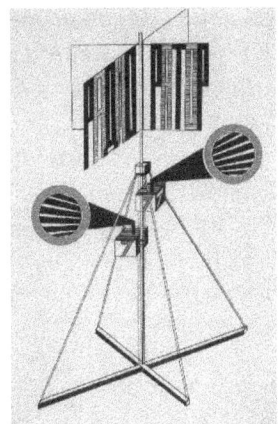
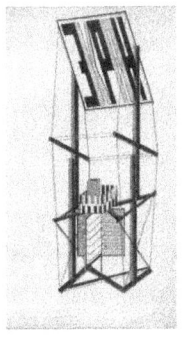

Gustav Klutsis, dispositivos de propaganda *agit prop* con altavoces y pantalla, 1922-1927

Vladimir y Georgii Stenberg. Cartel de la película *Octubre* de Sergei Eisenstein, 1928. Sergei Eisenstein. Fotograma de la película *Octubre*, 1928

durante años una eficaz sociedad con Rodchenko- y el aniversario de la Revolución parecía un buen momento para reflexionar sobre el arte producido durante la primera década de gobierno bolchevique y proponer una dirección de trabajo para el futuro. Sin embargo el adverso ambiente político obligó a posponer la publicación de artículos preparados para acompañar la exposición de Deineka, Klutsis, Lissitzky, Rodchenko, Senkin y Stepanova de 1930. Los ajustes editoriales hacen imposible la aparición de los textos previstos hasta finales de 1931 y obligan a acompañarlos de un prefacio que los presenta con un tono exculpatorio, como "material para discusión creativa".

El grupo *Octubre* fue acusado de actuar para la abolición del arte, antes de su disolución definitiva con el decreto de reconstrucción de las organizaciones artísticas de abril de 1932[99] que supuso en realidad la prohibición de cualquier asociación que no fuese la oficial del partido.

---

[99] Anteriormente a la proclamación de este decreto se habían dado pasos para limitar la independencia de los artistas en la URSS, entre otros, con el decreto de 1925 *Sobre la Política del Partido en el Campo de la Literatura Artística*, y el de 1931 *Sobre la Producción de Imágenes para Carteles*. Bowlt, John E. (ed.), Russian Art of the Avant-Garde. Theory and Criticism 1902-1934. The Viking Press, Nueva York, 1976, p.288

TROTSKY Y NOVI BYT

Transformando lo cotidiano

Durante el año 1923 Lev Trotsky, a pesar de encontrarse inmerso en una lucha directa con Stalin por la sucesión al frente del gobierno de la Unión Soviética, dedica un esfuerzo considerable a estudiar los principales retos que el nuevo estado debía afrontar en el ámbito de la vida cotidiana. Una vez superado el conflicto armado e iniciada la transformación del sistema político y económico, el siguiente paso para consolidar las conquistas revolucionarias se centra en hacer llegar los nuevos valores socialistas a los hábitos y modos de vida del proletariado. Para ello Trotsky aplica el método dialéctico con el propósito de deducir cuáles deben ser los cambios que permitan avanzar en la consolidación de la nueva sociedad. Ese mismo año publica *Cuestiones de la vida cotidiana (Voprosy byta),* una obra basada en la amplia investigación de campo desarrollada a través de reuniones y entrevistas con militantes de un distrito moscovita en la que indaga acerca de las dificultades del pueblo para alcanzar una vida plenamente socialista conforme a los ideales de la revolución.

> ...toda nuestra lucha anterior, sus penas y sus sacrificios se justificarán sólo en la medida en que aprendamos a formular correctamente nuestras tareas "culturales" parciales, diarias, y a resolverlas.[100]

Para Trotsky este planteamiento de integración de todos los aspectos de la vida en el nuevo modelo de producción y consumo se debe ir desarrollando progresivamente e implica el esfuerzo de todos los estamentos y agentes de la sociedad. Dentro de esta línea los artistas, en la medida de su capacidad para llegar a la población en general, pueden desempeñar un papel importante especialmente a través de los nuevos medios de difusión cultural mecánicos de alcance masivo: la radio, los carteles, el cine, etc. En el mismo nivel de importancia por su responsabilidad tanto en la configuración del espacio colectivo como en la del espacio doméstico están la arquitectura y el urbanismo, disciplinas científicas obliga-

---

[100] Trotsky, León. *Cuestiones de la vida cotidiana*. Fundación Federico Engels, Madrid, 2004, p.16 (1ª edición original 1923)

Lev Trotsky. Moscú, *Cuestiones de la vida cotidiana*, 1923. Portada de Aleksandr Rodchenko

das a intervenir a distintas escalas a partir del estudio objetivo de los mecanismos que pueden favorecer el desarrollo de una vida proletaria más consciente.

> Es preciso que prestemos mayor atención a los hechos de la vida cotidiana. Sería conveniente que, allí donde las condiciones materiales o espirituales ayuden a su éxito, se realicen ensayos experimentales. La extensión de los límites de un edificio de departamentos, de un grupo de viviendas, de un distrito, todo ello favorecerá el progreso práctico. Las asociaciones iniciales tendrán un carácter local. Deben darse a sí mismas tareas definidas, tales como el establecimiento para grupos de viviendas de guarderías, comedores públicos, lavanderías, etc. El mejoramiento de las condiciones materiales y una mayor experiencia permitirán un campo de actividades más amplio.[101]

---

[101] Trotsky, León. *Cuestiones de la vida cotidiana*. Fundación Federico Engels, Madrid, 2004, p.175 (1ª edición original 1923)

Aleksandr Rodchenko, *Reuniéndose para el desfile*, Moscú, 1928 y *Desfile deportivo en la Plaza Roja*, Moscú, 1935

Diego Rivera completó durante su estancia en Moscú varios cuadernos de dibujos en los que registró, entre otras cosas, la vida cotidiana del pueblo soviético. Él mismo destaca particularmente el reportaje dedicado a la celebración del 1 de Mayo, en el que recoge en una serie de bocetos sobre hojas de papel cuadriculado de cuaderno[102] la jornada completa de un trabajador desde que comienza a prepararse con su hijo para asistir a la celebración hasta el final del día, incluyendo el desfile en la Plaza Roja.[103] Con este documento gráfico Rivera establece un puente entre dos aspectos fundamentales del debate del arte revolucionario de la época: por una parte la organización de concentraciones masivas como manifestaciones colectivas que contribuyen a reforzar la conciencia obrera y

---

[102] Como veíamos los cuadernos de bocetos fueron adquiridos por Abby Aldrich Rockefeller para ayudar a sufragar los gastos de la estancia de Diego Rivera en Nueva York con motivo de la exposición que protagonizó en el invierno de 1931-32 en el MoMA. Los dibujos han sido publicados con un estudio introductorio por Maria Gough. *Drawing between Reportage and Memory: Diego Rivera's Moscow Sketchbook*, en October n°145, (verano 2013) MIT Press, Nueva York, 2013, p.67-115

[103] "Jamás olvidaré mi primera vista en Moscú del movimiento de la marcha organizada. Temprano por la mañana, caía la nieve en las calles. La muchedumbre en marcha era obscura, compacta, rítmicamente unida, elástica. Tenía el movimiento flotante de una serpiente, pero era más imponente que cualquier serpiente que se pueda imaginar. Fluía lentamente desde las calles estrechas hacia las amplias plazas sin fin. En la cabeza de esta criatura ondulante y sinuosa había un grupo formando una inmensa locomotora" Rivera, Diego; March, Gladys. *My Art, my life. An Autobiography*. Dover Publications Inc. Nueva York 1991, p.88, 93. (1ª ed. The Citadel Press. Nueva York 1960).

por otra parte el interés por la cotidianidad como campo de trabajo para la construcción de la nueva sociedad. Estas dos áreas, en la escala de lo público monumental y de lo doméstico personal, están también entre las señaladas en la Declaración de la Asociación de Trabajo Artístico *Octubre,* como territorios de trabajo claves para poner la obra del artista al servicio del proletariado. El pintor mexicano representa con sus murales comunistas la posibilidad de un arte monumental que se dirija a las clases trabajadoras públicamente y que colabore en el fortalecimiento de la conciencia colectiva, tanto en su proceso de producción como en el de su recepción, frente a la experiencia aislada de la pintura de caballete. Esta opción se sitúa codo con codo junto con el resto de las artes espaciales -arquitectura, pintura, escultura, diseño gráfico, artes industriales, fotografía, cinematografía, etc.- como una de las formas más adecuadas para contribuir a los necesarios logros posrevolucionarios.

Trotsky ejerció en gran medida como ideólogo del movimiento proletario escribiendo y publicando importantes textos de referencia para el desarrollo intelectual posrevolucionario, pero el interés por la vida cotidiana no es un asunto exclusivo suyo ni siquiera de la URSS, sino propio de los movimientos revolucionarios comunistas en general. En su viaje hacia Moscú Rivera hace una escala previa en Alemania donde pasa cerca de un mes en compañía de Willi Münzerberg, que pocos años después publicaría uno de los ensayos más conocidos sobre este tema, desarrollado en clave fotográfica. Aparecido en la edición de septiembre de 1931 del Periódico Ilustrado Obrero de Berlín (*Arbeiter-Ilustrieter-Zeitung),* el reportaje mostraba 24 horas en la vida de una familia trabajadora de Moscú.[104] En las imágenes se demuestra la calidad de vida de los proletarios rusos a través de una familia concreta alojada en uno de los nuevos desarrollos de viviendas estatales. La Unión Soviética por aquel entonces se esforzaba en ofrecer en otros países una imagen de progreso y bienestar de la clase trabajadora a través de artículos de este tipo.[105]

---

[104] Maria Gough. *Drawing between Reportage and Memory: Diego Rivera's Moscow Sketchbook*, en October nº145, (verano 2013), MIT Press, Nueva York, 2013, p.67-115.
[105] Sobre la propaganda del modo de vida proletario en la URSS puede consultarse David-Fox, *Showcasing the Great Experiment*.

Willi Münzerberg, *Arbeiter-Ilustrieter-Zeitung*, Berlín, septiembre de 1931. Diego Rivera. Boceto, Moscú, 1927

Portadas de La Forja (Gorn), Moscú, 1918-1922 y portada con logo de Sergei Senkin, Moscú, 1923

Las reflexiones sobre la vida cotidiana como vía fundamental de desarrollo para la nueva sociedad pueden entenderse como parte del largo camino de cambio que se inicia tras el triunfo de la Revolución. A finales de la década de los 20 y principios de los 30 se va produciendo una creciente participación del Partido en distintos aspectos de la vida política y social que tiende al control absoluto a través de instrucciones sobre el criterio a aplicar en la implementación de los cambios.[106] La resolución del Co-

---

[106] Es el caso de las relaciones del Comisariado Popular de Educación (Narkompros) con Proletkult, que concluyeron en 1920 con su integración total.

mité Central del Partido Comunista Soviético del 16 de Mayo de 1930 es una muestra representativa en lo que se refiere a las tareas relativas a la transformación del modo de vida:

> El entusiasmo de las masas trabajadoras hacia la rápida realización del plan quinquenal afecta cada vez más al ámbito del modo de vida. En muchos municipios se constituyen "brigadas del modo de vida". La competencia que se crea entre ellas y el movimiento cooperativo consiguen conferirles cada vez más, el papel de guía en todo lo que concierne a la alimentación colectiva de los trabajadores, la organización de los hogares de infancia, de los asilos, etc.
>
> Las organizaciones del Partido deben ayudar de todas las maneras posibles a este movimiento, asumiendo la dirección ideológica.[107]

En México la revolución no ha supuesto la instauración de un gobierno bolchevique, lo que hace que su situación presente notables diferencias respecto a la de la Unión Soviética a pesar de tener puntos de coincidencia significativos. La convocatoria del concurso al que O'Gorman presenta el proyecto *Transición*[108] en 1932 pide específicamente "analizar las condiciones espaciales dentro de las que se desarrolla la vida de la población asalariada, proponer las mejoras convenientes para su dignificación y concluir con el diseño de una vivienda tipo que mejore la calidad de vida de la clase proletaria."[109] Tanto en Rusia como en México se hace un esfuerzo para que los cambios políticos con sus nuevos valores alcancen a todos los ámbitos de la sociedad, no solo en la esfera pública sino también en la de la vida doméstica. Dentro de este contexto deben entenderse las aportaciones a la renovación del programa de la vivienda por parte de Juan O'Gorman, que tienen en sus proyectos de vivienda tipo obrera y en las casas de Diego Rivera su materialización más radical y en la conferencia presentada por O'Gorman ante la Socie-

---

[107] Resolución del C.C. del P.C. del 16 de mayo de 1930 sobre las *Tareas Relativas a la Transformación del Modo de Vida*. Publicado en Paolo Ceccarelli. *La Construcción de la Ciudad Soviética*, Gustavo Gili, Barcelona, 1970
[108] Convocatoria del concurso publicada en el periódico El Universal el 27 de marzo de 1932.
[109] Anda Alanís, Enrique X. de. *El Proyecto de Juan O'Gorman para el concurso de la "vivienda obrera" de 1932*. Arquine n°20, verano 2002, México DF, 2002, p.65-75

dad de Arquitectos mexicanos del año 1933 su primer desarrollo teórico. Este planteamiento de una arquitectura nueva para una vida mejor de las clases trabajadoras lo seguirá desarrollando O'Gorman, a pesar de abandonar el ejercicio de la profesión, desde su puesto como profesor de Composición y Teoría de la Arquitectura en el Instituto Politécnico Nacional hasta 1948 y desde 1932. Precisamente ese año, antes de ocupar su casa recién terminada Diego Rivera recapitula desde los Estados Unidos sobre su experiencia en Moscú y resume lo que para él debía ser el arte revolucionario dentro del contexto del arte moderno:

> Para el desarrollo real de un arte revolucionario a gran escala en América, es necesaria una situación de unidad en un solo partido del proletariado en posición de tomar los edificios públicos, los recursos públicos, y la riqueza del país. Solo entonces se puede desarrollar un genuino arte revolucionario. El hecho de que la burguesía esté en un estado de degeneración y dependa para su arte del de Europa indica que no puede haber un arte revolucionario genuinamente Americano, salvo que el proletariado sea capaz de crearlo. Para que sea buen arte, el arte en este país debe ser revolucionario, arte del proletariado, o no será buen arte en absoluto.[110]

---

[110] Rivera, Diego. *The revolutionary spirit in modern art.* The Modern Quarterly (Baltimore) 6, no.3 Registro ICAA: 786551 (Fall 1932): 51-57

¿Una arquitectura productivista?

En 1925 varios arquitectos soviéticos discrepantes con la línea de la ASNOVA (Asociación de Nuevos Arquitectos) fundan una nueva agrupación bajo el nombre de OSA (Ob'edinenia Sovremennikh Arkhitektorov, Asociación de Arquitectos Contemporáneos). La ASNOVA había integrado hasta entonces a los arquitectos más vanguardistas de la Unión Soviética en una agrupación con una orientación formalista en la que la investigación colectiva había dado notables resultados. La nueva entidad la forman, entre otros, Moisei Ginzburg, los hermanos Leonid, Viktor y Aleksandr Vesnin, Andrei Burov,[111] Aleksei Gan,[112] Ignatius Milinis y Panteleimon e Ilya Golosov.

Los hermanos Vesnin tenían tras de sí una larga y reconocida trayectoria profesional en la que habían destacado por sus aportaciones a la configuración del lenguaje constructivista. La experiencia en construcción de estructuras de Aleksandr cristalizó en las colaboraciones con Liuvov Popova y Aleksandr Tairov diseñando espacios para celebraciones multitudinarias y escenografías teatrales para montajes de Vsevolod Meyerhold y posteriormente en los proyectos que desarrolló junto con sus hermanos para el Palacio del Trabajo y el Leningradskaya Pravda -las oficinas para el diario Pravda en Leningrado- en 1923 y 1924. Estos diseños representan probablemente el punto álgido en la incorporación de la estética maquinista a las propuestas constructivistas.

Entre 1925 y 1932 la OSA constituyó el colectivo de arquitectos más activo e innovador de la época, especialmente interesado en investigaciones sobre las nuevas formas de vida socialista -la vivienda proletaria, condensadores sociales, etc.- y las estrategias de reordenación urbana y

---

[111] Andrei Burov, alumno de los hermanos Vesnin y de Ginzburg, colaboraría con Eisenstein diseñando en 1929 un edificio con un estilo marcadamente corbuseriano para la película *La línea general* también conocida como *Lo viejo y lo nuevo*.
[112] Aleksei Gan fue uno de los principales teóricos del constructivismo, autor en 1922 del primer tratado que condensa los conceptos clave de este movimiento, titulado precisamente *El Constructivismo*. En este libro Gan colabora con Rodchenko en un trabajo de definición tipográfica profundamente innovador.

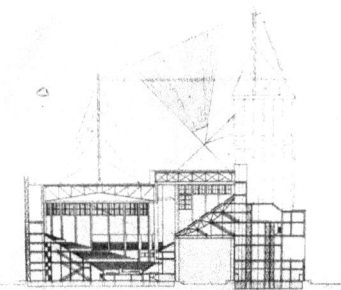
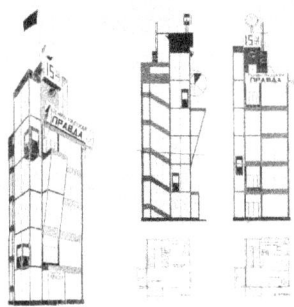

Aleksandr Vesnin. Maqueta para el montaje teatral de *El Hombre que fue Jueves*, de Chesterton, dirigido por Meyerhold, 1924. Hermanos Vesnin. Sección del Palacio del Trabajo, Moscú, 1923 y oficinas del Diario Pravda, Leningrado, 1924

Moisei Ginzburg. Estilo y época, portada del libro (diseñada por Aleksandr Vesnin) y de los capítulos 3 y 7 de la edición original, 1924

territorial. Toda vez que la fase revolucionaria estaba plenamente superada, los arquitectos de la OSA se esforzaron especialmente por trabajar sobre bases científicas objetivas para sustituir paulatinamente el código formalista y el tono propagandístico del constructivismo ruso por un verdadero servicio hacia las necesidades del proletariado. En su declaración inicial de intenciones afirman:

> La unión se propone resolver colectivamente con claridad constructiva, simplicidad lógica y relevancia funcional, todos los problemas de la construcción arquitectónica que han surgido en los presentes días, y alcanzar los objetivos de la construcción socialista en la República y la vida productiva del país...[113]

Su órgano de difusión fue la revista Arquitectura Contemporánea (Sovreminnaia Arkhitektura, SA) dirigida por Moisei Ginzburg, Aleksei Gan y los hermanos Vesnin. Esta revista se publicó entre 1926 y 1930 y fue sin duda la más importante de las publicaciones periódicas de la década y la única editada durante el primer plan quinquenal de Stalin iniciado en 1928. A pesar de que los hermanos Vesnin eran arquitectos con mayor experiencia y prestigio, la capacidad de Ginzburg para la comunicación y la articulación de un discurso teórico amplio y coherente le permitió asumir el papel de portavoz en la revista. Ginzburg había sido anteriormente editor jefe de la revista de la Asociación de Arquitectos de Moscú y había publicado dos libros importantes: *El ritmo en la arquitectura* y *Estilo y época*. En este último presentaba ilustraciones de silos para grano, barcos, aviones y máquinas con un planteamiento bastante similar al de *Vers une architecture*.[114] Tras unos años de estancia en Italia, y después de cursar estudios en la Facultad de Arquitectura de la Academia de Bellas Artes de Milán, Ginzburg había estudiado la carrera de ingeniería civil en el Instituto Politécnico de Riga. Trabajó durante unos años en el estudio de los hermanos Vesnin, donde participó en el dibujo de los planos del diario Pravda. Estas experiencias le prepararon para elaborar una

---

[113] *Moisei Ginzburg. Escritos 1923-1930*. Garrido, Ginés (ed.), El Croquis, Barcelona, 2007, p.426
[114] Le Corbusier fue siempre una referencia importante para él, y esto se refleja en el lenguaje de algunos de sus edificios. Esto no le impidió forjar un discurso propio que le llevó a una discusión con el maestro francés sobre el modelo *desurbanista* como alternativa a las propuestas de concentración de población.

Aleksei Gan. Portada del número 4-5 de la revista SA en el 10º aniversario de la Revolución de Octubre, 1927

propuesta teórica que incorporaba los procedimientos del mundo de la ingeniería y dejaba las cuestiones plásticas en un segundo plano, como simple organización de la percepción.

> Desde luego habría sido ingenuo sustituir el complejo arte de la arquitectura por la mera imitación de las formas de la técnica moderna, aunque sean las más brillantes. La etapa del ingenuo "simbolismo de la máquina" ya ha finalizado. La arquitectura moderna únicamente debe apropiarse del método creador del ingeniero.[115]

Desde la revista SA Ginzburg va desarrollando lo que llamó el "método de creación funcional", una sistematización del proceso de diseño apoyado en cálculos precisos. Su mirada se dirige a las fábricas norteamericanas como paradigma del método funcional en el que los medios y los métodos determinan de forma casi automática la morfología de los edificios. Los principios marxistas de materialismo objetivo llevan el discurso de Ginzburg a aspirar a la máxima depuración estilística y a apartar las cuestiones

---

[115] Ginzburg, Moisei. *Nuevos métodos en el pensamiento arquitectónico*, SA número 1, 1926, p.1-4, publicado en *Moisei Ginzburg. Escritos 1923-1930*. Garrido, Ginés (ed.), El Croquis, Barcelona, 2007, p.247

estéticas de sus principales objetivos. En 1927 estas ideas alcanzan su formulación más clara en los artículos *Éxitos de la arquitectura moderna* y *El constructivismo como método de trabajo, de investigación y enseñanza*. Publicados respectivamente en los números 4-5 y 6 de la revista SA.

> El constructivismo o método funcional es consecuencia del momento histórico que vivimos. Se trata de una etapa doblemente constructiva: por un lado, fruto de una revolución social que sitúa en primer plano a un nuevo tipo de usuario y materializa unas nuevas relaciones económicas y sociales; y por otro, consecuencia del progreso inaudito de la técnica y de sus innumerables conquistas que ofrecen enormes posibilidades para la organización de una nueva realidad
>
> La época que vivimos es constructiva, no sólo como etapa histórica o período de organización intensa de la vida, también lo es por el ritmo dinámico y cambiante que no permite el estancamiento en una determinada fase y que, casi diariamente, ofrece novedades, tanto en sus aspectos sociales, como en sus posibilidades económicas y técnicas. Por eso, la definición actual del concepto "arquitectura" sólo es posible en el entorno de la arquitectura funcional del constructivismo que, sobre todo, propone al arquitecto la misión de construir la realidad y la organización de las formas de la nueva vida.[116]

Ginzburg señala que el constructivismo como método se propone lograr la identificación entre el carácter práctico del objetivo y su forma y para ello debe rechazar elementos no funcionales en la morfología de sus edificios, resolver los problemas esenciales expresivos según la organización funcional y constructiva del espacio arquitectónico y formalizar cada elemento desde la organización eficaz de los materiales constructivos. A partir de estas premisas desglosa el método en cinco momentos independientes y claramente aislados:

1. El estudio profundo de los problemas relacionados con la invención y materialización de los condensadores sociales y los organismos renovados social y técnicamente.

---

[116] Ginzburg, Moisei. *El constructivismo como método de trabajo, de investigación y enseñanza*, SA número 6, 1927, p.160-167, publicado en *Moisei Ginzburg. Escritos 1923-1930*. Garrido, Ginés (ed.), El Croquis, Barcelona, 2007, p.337

Moisei Ginzburg. Apartamentos Gosstrakh (en uno de ellos vivió Tretyakov, aquí recibe a Alfred Barr en su visita de 1928), Moscú, 1926

2. El estudio del problema específico de la percepción, para poder acometer su organización.

3. El análisis de aquellos elementos arquitectónicos que son objeto de percepción y determinan la materialización del condensador social.

4. Estudiar el proceso de elaboración de las formas siguiendo los modelos de la técnica industrial y de las características específicas y los métodos de fabricación que dejan una huella determinada en su producción.

5. Sintetizar el trabajo analizado anteriormente en una indivisibilidad orgánica.

Esta propuesta de racionalización de los procesos de diseño puede considerarse un equivalente, adaptado al campo de la arquitectura, de los planteamientos del grupo de los productivistas a los que interesaba la arquitectura como una de las artes espaciales estratégicas por la naturaleza de su recepción colectiva. De hecho la OSA se mantuvo en todo momento muy cerca de los productivistas hasta el punto de que, como veíamos, la declaración de la asociación *Octubre* no se publica en Novi LEF sino en el

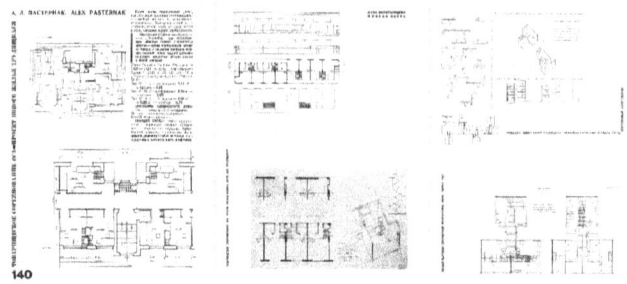

Páginas de las propuestas de Boris Pasternak, N. Vorotynseva y R. Polyak y V. Vladimirov para el concurso amistoso de vivienda colectiva, número 4-5 de SA, 1927

número de SA de marzo de 1928.[117] Esta declaración la firman integrantes de los dos colectivos (OSA y LEF) e incluye entre sus áreas de trabajo prioritario cuestiones específicamente arquitectónicas, como son la construcción racional, la atención a los problemas de nuevas agrupaciones residenciales y el diseño de centros para el nuevo modo de vida colectiva.

La situación política en ese momento es sumamente compleja y delicada. Además de haberse consumado la toma de control por parte de Stalin sobre los órganos de gobierno tras apartar a sus principales rivales, se está produciendo un giro importante en la configuración de la dictadura del proletariado. El período de la nueva política económica (NEP) en el que se permitía un considerable grado de libertad económica y social concluye con la implementación del primer plan quinquenal y con él también concluirá paulatinamente la posibilidad de desarrollar una línea de pensamiento libremente crítico. Esto afecta inevitablemente al ámbito de las manifestaciones artísticas y de la arquitectura. Como decíamos antes, en ese mismo número de la revista que incluye la Declaración de *Octubre*, se publica una carta abierta y firmada por Aleksandr y Viktor Vesnin, Aleksei Gan y Moisei Ginzburg como aclaración de la relación entre la OSA y la recientemente creada asociación *Octubre*.

---

[117] SA número 3 de marzo de 1928, p.73-74, publicado en BOWLT, John E. (ed.-trad.), *Russian Art of the Avant-Garde*, Nueva York, The Viking Press, 1976. pp. 273-279

Construir la nueva realidad

Los arquitectos de la OSA se mantuvieron en contacto con las corrientes de la vanguardia arquitectónica europea a través de diversos cauces. Aunque tuvieron pocas oportunidades de materializar su propuesta con construcciones importantes, desplegaron una intensa actividad mediante sus publicaciones y con la celebración de una exposición internacional en mayo de 1927 y de un congreso en mayo de 1929.

En 1927 la revista SA publica en su número 4-5 los ocho proyectos presentados a un "concurso amistoso" para el diseño de un conjunto residencial colectivo (*dom-kommuna*) convocado el año anterior por la OSA.[118] En este concurso se animaba a los participantes a considerar las condiciones de la nueva forma de vida (*novi byt*), pidiendo a los concursantes, dadas las restricciones económicas que sufría el país, que desarrollaran propuestas de alta eficiencia. Las ocho propuestas presentadas incluyen zonas de uso común para guardería, comedores, cocina, lavandería y actividades recreativas. Como argumenta Ginzburg en su propuesta, esta innovación programática permite reducir costes de construcción y establecer una transición hacia una forma de vida socialista y plenamente colectivizada. Casi todos los proyectos ofrecen soluciones en las que las viviendas cuentan con doble orientación y por lo tanto se configuran en estrechos bloques lineales de gran longitud, también con el objetivo de optimizar costes.

La cuestión de la vivienda en la URSS comparte con otros países de Europa Occidental y de América el problema del rápido crecimiento de los asentamientos urbanos pero aquí se presenta con los matices propios del modelo socialista: el nuevo orden político exige que se desarrolle una alternativa, una revisión del alojamiento tradicional burgués con soluciones rigurosas que al tiempo expresen y contribuyan a fortalecer la conciencia colectiva.

La preocupación gubernamental por el tema hace que este concurso reciba una rápida respuesta por parte del Comité para la Construcción de la República Rusa (Stroikom). En 1928 formó una comisión especial para

---

[118] Crawford, Christina E. *The Innovative Potential of Scarcity in SA's Comradely Competition for Communal Housing, 1927*, www.enhsa.net/archidoct Vol. I (2) / Enero 2014, p.33

el estudio y diseño de unidades tipo estandarizadas que permitieran una optimización de los recursos. Ginzburg fue nombrado director de un equipo formado por varios colegas de la OSA participantes en el concurso. Durante meses se desarrollaron seis unidades tipo diferentes tomando como punto de partida las propuestas del concurso.[119] Ginzburg explica en el informe de presentación de resultados de estas unidades los criterios aplicados en su diseño, Algunos de ellos ya estaban presentes en los proyectos del concurso. Entre las novedades más destacadas se encuentra la unidad F a la que se accede por un nivel intermedio que permite subir a los dormitorios medio nivel o bajar hacia la zona diurna un nivel completo. Esto confiere a la vivienda una espacialidad singular sorprendente para las fuertes constricciones materiales de los planteamientos de partida.[120]

Tan solo se construyeron seis proyectos formados con unidades desarrolladas por el Stroikom de los cuales el más destacado fue el prototipo denominado *experimental de tipo transitorio,* promovido por el Comisariado Popular de Finanzas (Narkomfin), proyectado por Moisei Ginzburg e Ignaty Milinis y construido entre 1928 y 1930 en Moscú. Ginzburg había construido en 1926 el edifco de apartamentos Gosstrakh junto con Vladimir Vladimirov,[121] un conjunto que incluía en su azotea un solárium, en la planta baja una tienda y en el sótano servicio de lavandería y almacenamiento. En esta ocasión se da un paso más en la socialización de los *procesos productivos* que tienen que ver con la vivienda sin llegar a una propuesta radical: educación de los niños, preparación de alimentos, lavado y arreglo de la ropa se atienden de forma colectiva. Se plantean así un primer esbozo del

---

[119] De una manera similar el concurso para la vivienda obrera celebrado en México en 1932 y al que O'Gorman presentó el proyecto *Transición* serviría de base para que Juan Legarreta desarrollara varios conjuntos de viviendas a partir de su proyecto e integrando elementos de las propuestas de otros compañeros.

[120] Crawford, Christina E. *The Innovative Potential of Scarcity in SA's Comradely Competition for Communal Housing, 1927,* www.enhsa.net/archidoct Vol. I (2) / Enero 2014, p.49

[121] En su diario ruso Alfred Barr relata sus visitas al apartamento de Tretyakov y su mujer en este edificio y lo describe como una arquitectura interesante pero con graves deficiencias constructivas achacables a la escasez generalizada de materiales de calidad y a la falta de formación de los operarios. Se trata de uno de los primeros edificios modernos diseñado por Moisei Ginzburg, a quien describe Barr más adelante como un joven arquitecto con talento e ideas interesantes. Barr, Alfred. *Russian Diary*. MIT Press October n°7, 1978. p.29

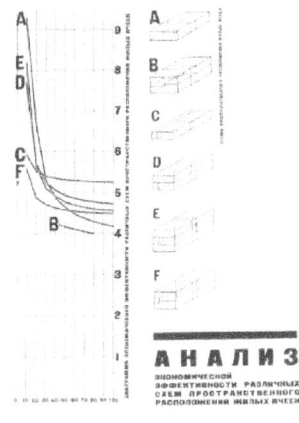
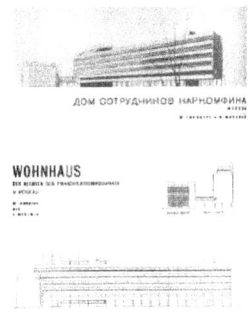

Grupo de Investigación del STROIKOM. Diagramas de eficiencia económica de diversas configuraciones espaciales. SA, número 1, 1929. Moisei Ginzburg e Ignaty Milinis. Edificio Narkomfin, Moscú, 1928-1930, SA n°, 1929

modo de vida colectivo que denomina "transitorio". Ginzburg propone un conjunto de cuatro edificios destinados a residencia propiamente dicha, a centro comunitario, a casa infantil y a centro de servicios. El edificio de residencia se eleva sobre pilotes para evitar la incómoda disposición de viviendas en planta baja y para permitir la continuidad del parque sobre el que se asienta el conjunto. El programa de habitación se resuelve con células del tipo F, descrito anteriormente, destinado a una o dos personas y con un tipo nuevo, el K, destinado a familias entendidas como unidades con interdependencia económica. Este tipo contaba con doble altura en el salón y cocina completa mientras que el tipo F solo ofrecía la posibilidad de calentar los alimentos preparados en la cocina comunitaria.[122]

---

[122] Movilla Vega, Daniel y Espegel Alonso, Carmen. *Hacia la nueva sociedad comunista: la casa de transición del Narkomfin, epílogo de una investigación*, Proyecto, Progreso, Arquitectura n°9 "Hábitat y Habitar" noviembre 2013, Universidad de Sevilla, p.26

Este edificio recibió un reconocimiento unánime a nivel internacional, incluyendo a Le Corbusier entre los arquitectos que le dedicaron palabras de elogio. En 1932 Ginzburg hace una evaluación de su funcionamiento real con respecto a las expectativas iniciales. La guardería, cuyo módulo no ha sido construido, se ha instalado en el espacio libre comunitario; la lavandería funciona tal y como se había previsto pero, aunque los alimentos se preparaban en la cocina colectiva, cada habitante se los llevaba a su célula para comer allí. La conclusión es que la sociedad soviética no estaba preparada para la nueva forma de vida colectivizada y las medidas más radicales, como la separación de los niños para su educación o la disolución de la familia, permanecerían en el territorio de la utopía. Al respecto el 29 de mayo de 1930 se publica en el diario Pravda una resolución del comité central del Partido "sobre las tareas relativas a la transformación planificada del modo de vida":

> El éxito del desarrollo de la edificación del socialismo y el nivel de industrialización del país alcanzado en la actual situación crea las premisas necesarias para la transformación planificada del modo de vida en sentido socialista.
>
> (…) Los soviet, los sindicatos, las cooperativas deben resolver caso por caso los aspectos prácticos de este problema. Es preciso prestar particular atención a todas las iniciativas obreras que intenten una transformación del modo de vida, estudiar atentamente todos los fenómenos que afloran, ayudándoles a tomar cuerpo.
>
> El Comité Central observa que, paralelamente al movimiento en favor de un modo de vida socialista, algunos camaradas (Sabsovic, Larin) han llevado a cabo tentativas extremistas, carentes de fundamento, semifantásticas y por esto mismo extraordinariamente perjudiciales, a fin de superar "de un salto" los obstáculos que se encuentran en el camino de transformación del modo de vida en sentido socialista; obstáculos cuyas raíces están, por un lado en el retraso económico y cultural del país, y por otro en la necesidad, en las actuales condiciones, de consagrar la parte esencial de los recursos a la industrialización acelerada del país: único medio para constituir las bases necesarias para una transformación radical del modo de vida.
>
> A estos intentos por parte de algunos militantes, que encubren su oportunismo bajo una "fraseología de izquierdas", corresponden los proyectos

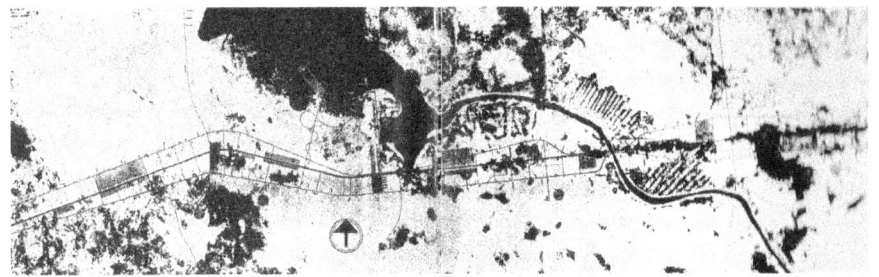
Des-urbanismo. Propuesta de organización del territorio, 1928-1930.

que en estos últimos tiempos han aparecido en prensa. Proyectos relativos a la transformación de ciudades existentes o a la construcción de las nuevas ciudades exclusivamente a cargo del Estado y que prevén la realización inmediata y la transformación en servicios públicos de todo cuanto constituye el modo de vida de los trabajadores: alimentación, vivienda, educación de los niños separándoles de sus padres, supresión de las costumbres y del modo de vida familiar, prohibición autoritaria de la preparación doméstica de los alimentos, etc. La realización de estas concepciones perjudiciales y utópicas, que no tienen en cuenta ni los recursos naturales del país, ni el grado de preparación de la población, determinaría unos gastos extraordinariamente elevados y un descrédito de la idea misma de transformación del modo de vida en sentido socialista.[123]

La resolución determina que el Consejo de los Comisarios del Pueblo controle mediante diversas medidas todas las iniciativas relativas al modo de vida socialista y esto incluye inevitablemente cuanto tiene que ver con la arquitectura y el urbanismo. Sin duda entre los proyectos a los

---

[123] Ceccarelli, Paolo. *La construcción de la ciudad soviética*, Gustavo Gili, Barcelona, 1970, p.187-188

que alude la resolución se encuentran los desarrollados durante aquellos años para la planificación territorial de la Unión Soviética dentro del grupo de los conocidos como *desurbanistas*.

Un editorial de la revista SA con el título *Por el Desurbanismo*,[124] enuncia el problema y adelanta las líneas generales que inspirarán esos años los atrevidos proyectos que despertaron las alarmas en el seno del partido. El modelo anterior de habitación no es válido para la nueva sociedad, pero tampoco las propuestas comunales llegan a satisfacer las necesidades de los trabajadores y les generan importantes incomodidades (esperas en los lavabos, en los wc, en los comedores, desajustes en los espacios personales, etc.). Según este editorial, escrito sin duda por Ginzburg, la división territorial en espacio urbano y espacio rural no se ajusta a la naturaleza de las relaciones de producción, transformación y consumo por lo que es necesario satisfacer el viejo sueño de Engels: "Terminar con las grandes ciudades, cualquiera que sea el precio a pagar." El desplazamiento de la gran industria hacia el lugar en el que se encuentran las materias primas y las mejoras en la producción agrícola necesitan una transformación paralela y acorde en la forma de habitar. Se trata entonces de buscar una dispersión según unidades económicas coherentes que aproveche las posibilidades que ofrecen los avances en la electrificación mediante la transformación de la red de transportes.[125]

- Es una forma de hábitat en el que ya no existe ningún vestigio de economía doméstica individual o familiar.

- Es la vivienda de la mujer (como la del hombre) que ocupa su propio puesto en la economía social; la vivienda de un miembro de una colectividad de producción.

---

[124] Editorial del número 1-2 de 1930, de SA (Sovremennaia Arkhitektura, Arquitectura Contemporánea), p.4-6, publicado en Ceccarelli, Paolo. *La construcción de la ciudad soviética*, Gustavo Gili, Barcelona, 1970, p.75-79

[125] El geógrafo e ideólogo anarquista ruso Kropokin ya había vaticinado en 1899 que la combinación de la energía eléctrica con nuevos medios de transporte abrían nuevas posibilidades para una "producción fabril descentralizada en unidades autosuficientes, en áreas rurales aisladas, fuera de las ciudades."

- Es una vivienda en la que el individuo desarrollará su personalidad. Es una vivienda en la que no habrá ya lugar para el individualismo pequeño-burgués.

- (...) Es necesario acabar con la técnica artesanal...

- Es necesario acabar con los rascacielos superados por la historia...

- Terminemos con la concepción del edificio concebido para durar, con las dimensiones de los edificios y de sus partes, fijadas de una vez para siempre. No es el hombre el que debe adaptarse a su alojamiento, sino el alojamiento el que debe adaptarse al hombre.

- No es la construcción la que debe adaptarse a la industria, sino la industria a la construcción, a sus necesidades de hoy y de mañana.

- Pasemos a una producción que utilice materiales locales a bajo precio.

- Pasemos a una producción industrial de elementos estandarizados, pasemos de la construcción al montaje. Pasemos de la demolición de las viviendas provisionales construidas cerca de las fuentes de materias primas, al desmontaje y montaje del hábitat.

- ¿En qué dirección ir? Hacia una nueva técnica socialista de la edificación, hacia un nuevo asentamiento de las unidades de producción industriales, hacia una nueva residencia socialista.

- Por una nueva distribución socialista de la humanidad sobre el territorio.[126]

La ciudad, dice Ginzburg, es sucia, llena de ruidos, polvo, falta de luz, aire... es ciudad. Es inevitable eliminar la ciudad como medida de profilaxis, con todas sus características. Es necesario desarrollar un nuevo método de asentamiento que resuelva adecuadamente las cuestiones

---

[126] Editorial del número 1-2 de 1930, de SA (Sovremennaia Arkhitektura, Arquitectura Contemporánea), p.4-6, publicado en Ceccarelli, Paolo. *La construcción de la ciudad soviética*, Gustavo Gili, Barcelona, 1970, p.78-79

del trabajo, del descanso y de la cultura, como un único e ininterrumpido proceso de la existencia socialista. A sus ojos la revolución política y social en curso necesita un nuevo espacio que permita desarrollar y representar las nuevas relaciones productivas y la ciudad es una estructura heredada de una organización capitalista y burguesa y por lo tanto ya no es válida y constituye un serio obstáculo para alcanzar los objetivos de la nueva sociedad proletaria.

Ginzburg trabajaba desde 1929 en la sección de reparto demográfico del Gossplan, donde había empezado a dirigir su atención hacia la ordenación territorial a gran escala. En 1930 elabora junto con Mijail Barsch[127] el proyecto de la *Ciudad Verde* (Zelenny Gorod), una propuesta para una ciudad satélite de Moscú según un principio lineal en torno a los nuevos sistemas de transporte y estratificado en varias bandas: instalaciones para la alimentación colectiva, zona comercial, viviendas, zona de cultivos, servicios comunes (instalaciones escolares, culturales, sanitarias, deportivas, etc.). En esta propuesta las viviendas se han convertido en una cinta continua de unidades monocamerales para una sola persona, elevadas del suelo sobre pilotes y construidas mediante el ensamblaje de componentes prefabricados. Las funciones de preparación y consumo de los alimentos se concentran en espacios colectivos, junto con otros servicios.

Las células de habitación desarrolladas para este proyecto y para la ciudad de Magnitogorsk tienen importantes similitudes con los proyectos de O'Gorman de 1932 para su vivienda y para la vivienda obrera del proyecto *Transición*: son volúmenes puros elevados sobre pilotes que alojan espacios mínimos. En el caso de los estudios de las casas de Diego y Frida y de Cecil, sus frentes se cierran con cortinas de vidrio plegables que permiten abrir por completo los grandes huecos que iluminan el espacio, cortinas de vidrio idénticas a las de los proyectos de Ginzburg.

---

[127] Barsch desarrollaría junto con Ochitovich, Sojolov y otros arquitectos una propuesta semejante a la de la *Ciudad Verde* para la nueva ciudad de Magnitogorsk. En esta propuesta se emplean para la vivienda unidades de habitación mínima muy similares, planteadas desde la combinación de componentes fabricados con materiales económicos. El planteamiento territorial se apoya en los mismos conceptos del desurbanismo.

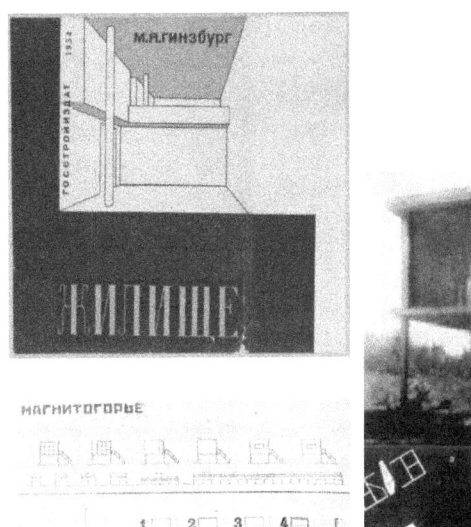

Moisei Ginzburg. Portada del libro Vivienda, 1934. Mijail Barsch y Moisei Ginzburg. Prototipo y estudios de la unidad habitacional del proyecto para *Zelenny Gorod (Ciudad Verde)*, 1930. Mijail Barsch, Ochitovich, Sojolov y otros. Elementos constructivos ensamblables del proyecto para Magnitogorsk, 1930

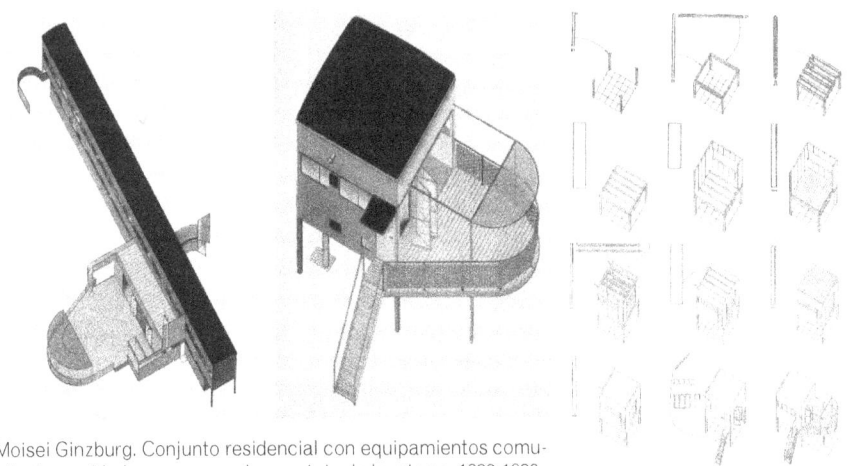

Moisei Ginzburg. Conjunto residencial con equipamientos comunitarios, unidad monocameral y montaje de la misma, 1928-1930.

En realidad el clima de México hace más comprensible que se ofrezca un espacio de sombra bajo la vivienda para actividades diversas y la posibilidad de abrir un frente completo de la vivienda. La opción de prefabricar las viviendas para su montaje en seco la descartaría O'Gorman en su proyecto *Transición,* consciente de las limitaciones del sector productivo industrial mexicano de la época, aunque este sistema hubiera sido el más deseable según explicó en la memoria del concurso. Sin embargo sí incorporaría en este proyecto para la optimización del espacio el mismo sistema de muebles abatibles y tabiques plegables que incluían las unidades diseñadas por Ginzburg y sus colaboradores.

La *Ciudad Verde* propuesta en esta línea desurbanista se construiría mediante un programa que contemplaba como primer paso la descentralización sistemática de la industria, los institutos científicos y los laboratorios de Moscú. Como segundo paso se procedería al asentamiento progresivo de la población a lo largo de los principales ejes de unión entre Moscú y los centros próximos. Como tercer paso se implantaría la prohibición absoluta de construir en el perímetro de la ciudad y la transformación de los espacios libres en zonas verdes. A partir de entonces, quedaría únicamente esperar pacientemente una destrucción lenta y pasiva de los edificios antiguos. Tan solo restaría, por último, proceder a la demolición de casas y barrios. Quedarían en pie sólo las partes más características de la ciudad vieja.[128]

La Unión Soviética había afrontado con éxito admirable un plan de electrificación del país en los primeros años de la década de los 20 y con el primer plan quinquenal iniciado en 1928 se proponía transformar la estructura productiva eminentemente agraria del país en un ejemplo de industrialización para todo el mundo. Es posible que Ginzburg se apoyara en

---

[128] Ginzburg y Barsch. *La ciudad verde. La reconstrucción socialista de Moscú,* número 1-2 de 1930, de SA (Sovremennaia Arkhitektura, Arquitectura Contemporánea), p.17, publicado en Ceccarelli, Paolo. *La construcción de la ciudad soviética,* Gustavo Gili, Barcelona, 1970, p.235-239.
El recorrido de las propuestas de los arquitectos constructivistas desde la investigación vanguardista formal, hacia un productivismo científico terminando con una propuesta que se muestra como realista pero está cercana a la ensoñación poética es el mismo que lleva a Tatlin desde el monumento a la 3ª Internacional, hacia el diseño de objetos de uso cotidiano y concluyendo con el diseño del *Letatlin,* el dispositivo ligero que daría a los hombres la capacidad de volar.

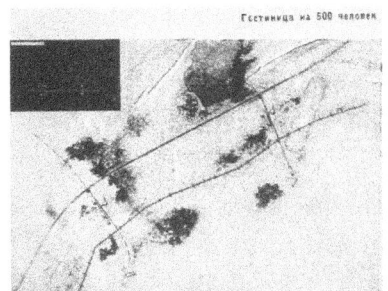 

Moisei Ginzburg y Mijaíl Barsch. Ciudad Verde, planta de los ejes de transporte y de vivienda y axonometría de la cinta de viviendas, 1930.

estas experiencias para visionar una prolongación de reformas de semejante calado hacia el ámbito de la ordenación territorial y de la planificación de los asentamientos humanos. En cualquier caso, y considerando la magnitud de la transformación propuesta y sus implicaciones económicas, no es extraño que el comité central del Partido utilizara el adjetivo "semifantástico" para advertir de las perjudiciales desviaciones observadas. El gobierno soviético apostará por un modelo de crecimiento de las ciudades más conservador y al mismo tiempo realista, de la misma manera que en todas las manifestaciones artísticas optará por una prolongación de la tradición figurativa en lugar de apoyar las propuestas de vanguardia.

En 1932 Ginzburg escribe un libro en el que recoge buen parte de la experiencia de investigación al frente de la Stroikom y de los proyectos posteriores. Este libro, titulado *Vivienda* (*Zhilishche*), no se publicó hasta 1934 y en él Ginzburg añade una significativa observación en la que califica el trabajo de los arquitectos de OSA durante los años anteriores como un trabajo experimental que cae en "conclusiones extremas y soluciones esquemáticas."[129] El desarrollo de los acontecimientos políticos y la

---

[129] Buchli, V. *Moisei's Ginzburg Narkomfin Communal House in Moscow: Contesting the Social and Material World*, Journal of the Society of Architectural Historians. 57, n°2, p.174 citado en Crawford, Christina E. *The Innovative Potential of Scarcity in SA's Comradely Competition for Communal Housing, 1927*, www.enhsa.net/archidoct Vol. I (2) / Enero 2014 p.50

condena generalizada de los movimientos de vanguardia obligó a todos sus integrantes a corregir sus posturas y, para los que permanecieron en la Unión Soviética, a encauzar su trabajo hacia un nuevo clasicismo nacionalista en el caso de los arquitectos de la misma manera que los artistas plásticos tuvieron que aceptar el realismo socialista.

El *desurbanismo*, con su planteamiento científico, su alcance utópico y sus formulaciones poéticas, tiene la misma raíz teórica del productivismo de LEF. El artista y crítico de arte Boris Arvatov, en uno de sus textos de la primera época del *Frente Artístico de Izquierdas*, se refería a lo que debería ser la arquitectura de la nueva sociedad revolucionaria en los siguientes términos:

> Una ciudad suspendida en el aire.
>
> Una ciudad de vidrio y amianto.
>
> Una ciudad sobre resortes.
>
> ¿Qué es?
>
> ¿Excentricidad, originalidad, ilusión?
>
> No, simplemente el máximo de funcionalidad.
>
> En el aire: para liberar la tierra.
>
> De vidrio: para llenarse de luz.
>
> De amianto: para aligerar la construcción.
>
> Sobre resortes: para crear el equilibrio.[130]

Pocas arquitecturas de la época podrían corresponderse tan fielmente con esta formulación como las viviendas propuestas por Ginzburg para la nueva forma de asentamiento territorial o las casas estudio que O'Gorman hizo para Diego Rivera y Frida Kahlo. Volúmenes elevados sobre pilares, grandes cristaleras que ocupan fachadas enteras, espacios luminosos suspendidos en el aire.

---

[130] ARVATOV, Boris. *Utopía Materializada*, *Ovescestvlennaja utopija*, LEF, 1923, 1, p.64. Citado en *Le constructivisme russe*, Lausanne, 1987, t. II, p.46

ECOS DE VANGUARDIA

Fordismo: la sinfonía industrial

En Abril de 1932, mientras se está terminando la construcción de las casas estudio en San Ángel, Diego Rivera llega a Detroit acompañado de Frida con el encargo de pintar en los muros del patio del Detroit Institute of Art unos frescos dedicados a la actividad industrial de la ciudad. Las instalaciones de la compañía Ford de Rouge River eran en su momento la mayor extensión fabril del mundo, una cadena de producción de cerca de 150 kilómetros de raíles con capacidad para producir con autosuficiencia varios modelos de la marca de vehículos. Esta imponente línea de producción, en la que llegaban trenes cargados de materia prima y salían vehículos funcionando, llegó a albergar más de 120.000 trabajadores en una inmensa coreografía mecanizada. Los procesos de producción se disponían conforme a un diseño meticulosamente estudiado según criterios de máxima racionalidad que eran aplicados igualmente a las construcciones que los albergaban. El edificio B, paradigma del espacio industrial, se extendería pocos años después a lo largo de medio kilómetro de longitud con cinco naves paralelas de 16 metros de ancho en perfecta sintonía con el incesante fluir de piezas mecánicas.

El encargo para pintar los murales surge de un encuentro en California con William Valentiner y Edgar Richardson, directores del Instituto de Artes de Detroit, en el que Rivera expresa su deseo de reflejar en un *poema plástico* la importancia de la industria estadounidense. Poco tiempo después la Comisión de Arte de la ciudad presidida por Edsel Ford, el hijo de Henry y director por aquel entonces de la compañía, acuerda que el pintor elija los motivos para pintar los muros del patio interior del Instituto de Arte. Edsel Ford mostró en todo momento un firme apoyo a la obra de Rivera incluso cuando arreciaron las críticas por el tono comunista de las imágenes. Sin embargo a quien dedica una atención especial Rivera en sus memorias es a Henry Ford, con quien entabló una relación de complicidad[131] basada en su fascinación compartida por la

---

[131] Diego Rivera recibió como obsequio de Henry Ford una camioneta que utilizó durante años. Tras el primer atentado que sufrió Trotsky, este afirmó que había visto la camioneta de Rivera por los alrededores poco antes del ataque, por lo que fue considerado sospechoso durante un tiempo y decidió permanecer escondido para evitar problemas. Rivera,

capacidad transformadora de la técnica. Henry Ford había construido un imperio empresarial con una acertadísima combinación de factores que culminaron en 1914 con la implementación de métodos racionalizados de producción en serie integrados, una visión comercial que convirtió el vehículo en un bien de consumo al alcance de un importante sector de la población estadounidense y una mejora considerable de la productividad mediante el cuidado de las condiciones de los trabajadores que incluían, como atrevida novedad, la jornada laboral de solo ocho horas y un jornal bastante superior al habitual de aquella época. En los años 20 la compañía había ido cambiando y su sede de River Rouge, un inmenso emplazamiento segregado de la ciudad y totalmente vallado, era una clara expresión de este cambio. Cuando llega Rivera se encuentra con los efectos de varios años de dura crisis económica, a pesar de lo cual en el relato del pintor la figura del empresario se presenta con una admiración sorprendente, máxime si tenemos en cuenta la militancia de Rivera en contra del capitalismo.

> Lamenté que Henry Ford fuera un capitalista y uno de los hombres más ricos del mundo. No me sentí libre de elogiarle tanto y tan enérgicamente como yo habría querido puesto que eso me habría puesto bajo sospecha de servilismo o de adularle por su riqueza. De otro modo, hubiera intentado escribir un libro en que mostraría a Henry Ford tal como lo he visto, como un verdadero poeta y como un artista, uno de los más grandes de su tiempo.[132]

En Detroit Diego recorre y estudia durante seis semanas las inmensas instalaciones fabriles para preparar los murales dedicados a la producción industrial. Durante ese tiempo se entrevista con los técnicos de las fábricas, visita los barrios obreros, hace centenares de dibujos y esbozos preparatorios y conoce al arquitecto Albert Kahn. En su despacho de arquitectura se habían diseñado no solo la mayor parte de las naves de

---

Diego; March, Gladys. *My Art, my life. An Autobiography.* Dover Publications Inc. Nueva York 1991, p.nº140. (1ª ed. The Citadel Press. Nueva York 1960)
[132] Rivera, Diego. *Diego Rivera, My Art, my Life: an Autobiography*, Herrero, México DF, 1960, p.188

Fotografías del archivo de Diego Rivera y Frida Kahlo. Línea de montaje y mural del Instituto de las Artes, Detroit, 1932

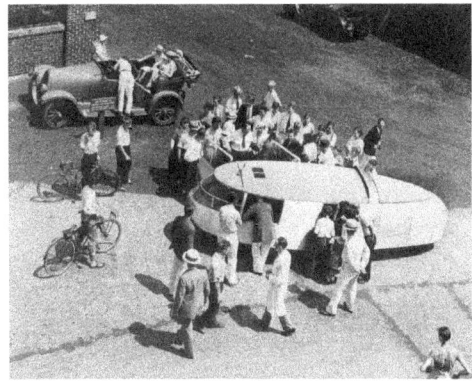

Knud Lonberg-Holm. Diego Rivera (con corbata, la chaqueta en el brazo) conoce el Dymaxion Car. Bridgeport, Connecticut, 1933 y Automobile Plant. Detroit, 1931.

producción de la compañía Ford, sino también instalaciones para muchas otras empresas del país aplicando soluciones que ayudaron a mejorar la productividad. En sus diseños se desarrolló el paradigma del espacio industrial racionalizado en consonancia con los procesos que tenían lugar en su interior. Rivera queda profundamente impresionado por la magnitud de las instalaciones y cuanto sucede en ellas.

> Mientras iba en el coche hacia Detroit, por delante de mis ojos pasaba todo el tiempo una visión del imperio industrial de Henry Ford. Oía la sinfonía magnífica que salía de aquellos talleres donde los metales adoptaban la forma de útiles al servicio de los hombres. Era una música nueva, que esperaba un compositor cuyo genio estribaría en darles una forma comunicable.[133]

En sus pinturas sobre los muros del patio del DIA Rivera representa espacios imaginarios, compone abigarradas imágenes de gran intensidad sin referirlas a ningún punto concreto de las fábricas visitadas. Las máquinas e instalaciones aparecen con una densidad mucho mayor de la que tienen en la realidad para otorgar al relato visual cierta categoría mítica.

> …volver plástico el ritmo suntuoso, siempre ascendente, que va de la extracción de la materia prima, producida por la naturaleza, hasta la elaboración del objeto acabado, producido por la inteligencia humana, su necesidad, su acción.[134]

A pesar de la potencia imaginaria del amasijo mecánico en las escenas representadas la presencia del trabajador, de la fuerza de mano obrera, cobra un valor muy destacado. La importancia central del componente humano en sus murales contrasta con otras miradas de artistas estadounidenses hacia este mismo mundo, enfocadas en el componente estético de la maquinaria. Así sucede en las fotografías de Knud Lonberg-Holm y

---

[133] Rivera, Diego. *Diego Rivera, My Art, my Life: an Autobiography*, Herrero, México DF, 1960, p.187
[134] Diego Rivera y Bertram Wolfe, *Portrait of America*, p.17, Jul. 1935.

Autor desconocido.
Albert Kahn, Frida Kahlo y Diego Rivera. Detroit 1932. Diego Rivera. *Detroit Industry*, Detroit, 1932

Autor desconocido.
Equipo de ingenieros y arquitectos del estudio de Albert Kahn en la URSS, ca.1926. Gustav Klutsis y Karl Ioganson con otros dos artistas letones en el Ford-T de Lenin en el Kremlin, 1918

de Charles Sheeler y en los cuadros de este último. Sheeler dedicó en 1927 seis semanas a documentar fotográficamente las instalaciones de la marca de automóviles en River Rouge como parte de la campaña promocional del nuevo modelo A. En sus 32 fotografías la mirada se dirige a la ingente cantidad de maquinaria, en escenas despobladas que contrastan con el protagonismo de la mano de obra trabajadora en los frescos de Rivera.

Sin embargo el tono épico de las imágenes plasmadas por Rivera en el patio del Instituto de Artes de Detroit contrasta a su vez de manera importante con el contenido social y político de las observaciones recogidas por su amigo Maiakovsky cuando visitó las instalaciones en 1925 tras ser recibido en México por el pintor. El excesivo agotamiento de los trabajadores al terminar su jornada o la limitación de las capacidades del operario implícita en el alto grado de especialización de las tareas son algunos de los aspectos que llaman su atención.

> … supe que si un estadounidense se dedica a afilar puntas de agujas, puede ser el mejor del mundo en su oficio sin haber oído siquiera hablar de los ojos de las mismas. Los ojos de las agujas no son su especialidad, y no tiene por qué saber nada de ellos.[135]

El poeta formaba parte de una delegación del gobierno soviético y pronunció en los EEUU varias conferencias gracias al apoyo de las formaciones obreras del país norteamericano. Maiakovsky tenía un especial interés por conocer de primera mano la fábrica de Ford, las expectativas de crecimiento para el sector industrial por parte del gobierno soviético la convertían en un modelo de referencia valiosísimo.

> Me hizo mucha ilusión visitar la fábrica de Ford. La tirada de su libro publicado en 1923 en Leningrado ya ha alcanzado cuarenta y cinco mil ejemplares. El *fordismo* es el concepto favorito de los gestores de trabajo: hablan de la empresa de Ford como si fuera algo que se pudiese trasladar al socialismo prácticamente sin cambios.[136]

El 9 de agosto en el periódico *New York World* se publica una conversación con Maiakovsky del escritor norteamericano Michael Gold: *"La era industrial, esto era lo que quería ver Maiakovsky, llegado hace unos días a Nueva York. Maiakovsky, el poeta más conocido de la Rusia Soviética de los últimos diez años (…)."* La entrevista revela un punto de vista muy crítico con la falta de incorporación social de los avances tecnológicos, teñido de una fe inamovible en las posibilidades del nuevo estado socialista.

---

[135] Años más tarde Juan O'Gorman cita a Miguel de Unamuno para sintetizar los objetivos y consecuencias en el área del conocimiento no sin cierta ironía: "el saber más y más de menos y menos hasta saberlo todo de nada" O'GORMAN, Juan. Texto… en Rodríguez Prampolini, Ida. *La palabra de Juan O'Gorman*. Universidad Nacional Autónoma de México-Dirección General de Publicaciones. México DF 1983, p.47.
[136] Maiakovsky, Vladimir. *Amerika*, Detroit, p.127

-No, Nueva York no es una ciudad contemporánea -dice, midiendo con sus pasos su habitación, no lejos de Washington Square-. Nueva York no está organizada. Los automóviles, el metro, los rascacielos y demás, no son todavía una auténtica cultura industrial. Son sólo sus signos superficiales.

América ha recorrido un camino de colosal desarrollo de valores materiales, lo que ha modificado la apariencia de este mundo. Pero la gente todavía no se ha desarrollado hasta este nuevo mundo. Todos viven en el pasado. Por su intelecto, los neoyorkinos siguen siendo provincianos. Sus mentes no perciben la enorme importancia del siglo industrial. Por eso digo que Nueva York no está organizada. Es un gigante, por casualidad formado por niños, no por gentes maduras, completamente realizadas, que sepan lo que quieren, que creen según un plan, como los artistas. Cuando a nosotros, en Rusia, nos llegue la era de la industrialización, será distinto, será planificado, hecho a conciencia.

Entre la estancia de Diego Rivera en la Unión Soviética para la celebración del décimo aniversario de la revolución de octubre en 1927 y la estancia en Detroit para pintar los murales de la industria en 1932 se ha completado el primer plan quinquenal soviético, dirigido específicamente a aumentar la capacidad productiva del país. El desarrollo tecnológico y productivo forma parte sustancial del discurso de consolidación de los logros revolucionarios, la industria juega un papel fundamental en el nuevo orden socialista que Stalin ejecuta a partir de las posiciones ideológicas de Lenin y de la programación preparada por Trotsky. Rivera recuerda su impresión al ver en casa de un trabajador ruso el retrato de Henry Ford junto a los de Lenin y Marx. Estas tres figuras son las que hacen posible el triunfo del socialismo según cuenta Rivera: Karl Marx proporcionó el discurso teórico, Lenin aplicó la teoría con su sentido de organización social a gran escala y Henry Ford facilitó el trabajo del estado socialista.[137] A pesar de representar el capitalismo más alejado de

---

[137] En sus memorias, bajo estos retratos Rivera sitúa el de Stalin, no aparece desde luego Trotsky. "Ninguna de sus contribuciones hubiera significado nada, sin embargo, sin el genio político de Stalin", concluye. La autobiografía es el fruto de entrevistas sostenidas con la coautora entre 1944 y 1957. Como ella misma admite Rivera ha revisado para entonces su versión de cuanto concierne a Trotsky y Stalin para diluir la presencia del primero en favor del segundo. Rivera, Diego; March, Gladys. *My Art, my life. An Autobiography*. Dover Publications Inc. Nueva York 1991, p.n°93. (1ª ed. The Citadel Press. Nueva York 1960)

los ideales bolcheviques, Henry Ford llegó a convertirse en un auténtico ídolo en la Unión Soviética con un prestigio sorprendentemente extendido. Trotsky contribuyó de forma importante a esta apreciación por parte de dirigentes y trabajadores soviéticos al señalar al empresario norteamericano como figura de referencia para la industrialización y en general para la modernización del país.[138] Su popularidad se debió en gran medida al papel desempeñado por el tractor Fordson en la mecanización de la producción agrícola soviética. Este modelo de tractor se puede entender como la versión equivalente en el mundo agrario del modelo T, el primer turismo con un precio asequible para las clases medias de Estados Unidos. Entre 1920 y 1927 llegaron a la URSS varias decenas de miles de tractores Fordson, procedentes mayoritariamente de la fábrica de Detroit. Rápidamente se convirtieron en el icono de la revolución agraria soviética, una imagen especular simétrica, traducción a términos de producción del original emblema del consumo al alcance de todos en los EEUU. Desde 1924 comenzó a producirse una versión casi idéntica en Leningrado y desde 1930 también en Stalingrado.

---

[138] Maurice Hindus, escritor y corresponsal estadounidense en la URSS da cuenta de la popularidad de Ford en la Unión Soviética para *Century Magazine*. HINDUS, Maurice. *Henry Ford conquers Russia*. Incluido en The Outlook, junio de 1927. Century Magazine. *My life and work*, 1922 y *Today and Tomorrow*, 1926, los libros de Henry Ford, ambos escritos en colaboración con Samuel Crowther, tuvieron gran difusión en la URSS. Evidentemente en 1925 Maiakovsky se refiere al primero. En el diario de su viaje a Moscú a finales de 1927 y principios de 1928 Alfred Barr relata cómo de regreso al hotel en un autobús observa con sorpresa que una pasajera lee un texto sobre Highland Park, la fábrica de Ford. Alfred Barr, *Russian Diary*, MIT Press October n°7, 1978. p.29.

Knud Lonberg-Holm. *Diego y Frida en Bridgeport,* Connecticut. 1933 y View from the roof, Detroit, 1924.

Tractor Fordson producido en la URSS. Sergei Eisenstein. Fotograma de la película *Lo viejo y lo nuevo*, 1929.

El programa como proyecto

En el desarrollo industrial de la Unión Soviética tuvo una participación decisiva precisamente el arquitecto americano Albert Kahn. En abril de 1929, tras la visita de una comisión gubernamental soviética de alto nivel a las instalaciones de General Motors, Chrysler y Ford en Detroit[139], Kahn consigue firmar un contrato para la construcción de una importante fábrica de tractores en Stalingrado. La relación comercial se prolongó con una ampliación del compromiso inicial hasta marzo de 1932, precisamente cuando Diego Rivera llega a Detroit. Durante esos tres años se construyen gracias a los planos desarrollados por la oficina de Albert Kahn cerca de 520 fábricas en territorio soviético, muchas de ellas en lugares prácticamente inhabitados. Estos encargos coinciden con el período de recesión más severo en los Estados Unidos, por lo que significó una magnífica oportunidad de trabajo para la oficina de Kahn y sus hermanos y un verdadero éxodo de técnicos en busca de empleo. Henry Ford ofreció la colaboración desinteresada de su empresa, facilitando sus diseños, sus métodos, especificaciones... cuanto pudieran necesitar en la Unión Soviética para favorecer el desarrollo industrial del país. En la URSS se instaló un equipo técnico que se hizo cargo de realizar los proyectos y de supervisar la construcción de las instalaciones y además, como parte del acuerdo comercial, asumieron la capacitación profesional de una cantidad importante de trabajadores soviéticos.[140] Para alguna de las construcciones industriales se replican literalmente fábricas americanas, hasta el punto de que es difícil distinguir las fotografías de la fábrica original de las de su reproducción soviética.

---

[139] Esta visita a Detroit marca para la URSS el inicio de un intenso proceso de transformación de su tejido productivo. Paradójicamente hoy día esta ciudad norteamericana vive un proceso de lento abandono de la edificación y lenta destrucción pasiva muy cercano al descrito por Ginzburg como parte del desarrollo del des-urbanismo.

[140] Según las fuentes el número de trabajadores soviéticos que recibieron formación por parte del equipo de Ford y Albert Kahn varía entre 1.500 y 4.000 (Kopp, Anatole. *Albert Kahn: One American's fruitful cooperation with the Soviet Union*. http://thecharnelhouse.org/2013/07/30/foreign-architects-in-the-soviet-union-during-the-first-two-five-year-plans/ 1988; Hildebrand, Grant. *Designing for industry: the architecture of Albert Kahn*. MIT Press, 1974, p.129)

Charles Sheeler. *Criss-Crossed Conveyors, Blast Furnace and Dust Catcher* y *Production Foundry,* Ford Plant, River Rouge, 1927

A pesar de tratarse de países con políticas y modelos económicos opuestos compartían la convicción de que la producción industrial en serie resultaba absolutamente clave para el desarrollo de su potencial. Los mismos procesos de optimización de recursos, los mismos mecanismos de racionalización, eran recibidos con igual entusiasmo aunque con justificaciones ideológicas opuestas. Ginzburg decía que era preciso "instruirse... no para copiar las realizaciones capitalistas, sino para descubrir en los principales aspectos del desarrollo capitalista los elementos que anticipen la nueva técnica socialista."[141]

---

[141] Editorial del número 1-2 de 1930, de SA (Sovremennaia Arkhitektura, Arquitectura Contemporánea), p.4-6, publicado en Ceccarelli, Paolo. *La construcción de la ciudad soviética*, Gustavo Gili, Barcelona, 1970, p.78

En los Estados Unidos la admiración por la capacidad productiva de las instalaciones fabriles de Ford había llamado la atención de arquitectos especialmente dedicados a estudiar el problema de la vivienda a la luz de las nuevas posibilidades técnicas. Entre 1929 y 1930 algunos miembros de la Structural Study Associates (Lonberg-Holm, Fuller, C. Theodore Larson, Albert Frey, Frederick Kiesler, temporalmente Philip Johnson,[142] etc.) fundaron la revista *Shelter*, dedicada al desarrollo de alojamientos estandarizados para una producción industrial impulsada por los principios *Dymaxion* de Fuller. El arquitecto Knud Lonberg-Holm viajó durante años por varias ciudades de los Estado Unidos fotografiando con su cámara compacta Leica de 35mm las construcciones técnicas que habían ido surgiendo en un espacio indeterminado entre la arquitectura y la ingeniería con una belleza accidental e incluso inconsciente: además de las grandes instalaciones industriales capta estructuras en construcción, edificios envueltos por andamios, escaleras de emergencia... Algunas de estas fotografías aparecieron junto con textos del propio autor en publicaciones europeas de vanguardia como la revista funcionalista suiza *ABC*, la holandesa *i10* o el libro de Mendelsohn *Amerika*[143] publicado en 1926. Este último impactó de manera especial por las imágenes a El Lissitzky y a Moisei Ginzburg, que le dedicó una reseña en su revista SA:

El libro de Mendelsohn incluye una serie de bellas fotografías de la Norteamérica moderna, en realidad, se trata del álbum de un fotógrafo que ha recorrido Norteamérica, al que se añaden los comentarios de un arquitecto, realizados brillantemente por Mendelsohn. Estos comentarios posiblemente sean superfluos para nosotros, pues con sus fotografías Mendelsohn ha captado la quintaesencia de Norteamérica. Nos basta observar las fotografías para extraer nosotros mismos las conclusiones.[144]

---

[142] Lonberg-Holm escribiría en la revista una severa crítica a la exposición *International Style* de Johnson y Russell-Hitchcock por centrar su atención precisamente en la cuestión del estilo.
[143] En la primera edición no se otorga crédito a Lonberg-Holm, que si figurará en la posterior edición de 1928 como autor de 17 de las imágenes.
[144] El artículo no está firmado, pero como indica Ginés Garrido lo más probable es que lo escribiera el propio Ginzburg, editor principal de la revista. *Ginzburg, Moisei. América*, AS, n°4 1926 p.112-119 en *Moisei Ginzburg. Escritos 1923-1930*. Garrido, Ginés (ed.), El Croquis, Barcelona, 2007, p.277

Albert Kahn. Exterior de la fábrica Ford, Highland Park, ca.1914

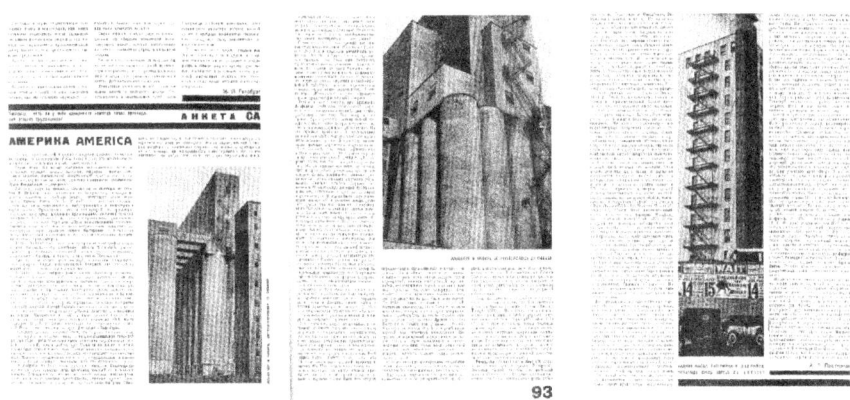

Reportaje sobre Amerika, de Erik Mendelsohn, en SA nº4, 1926

El álbum de fotografías en realidad es de un arquitecto, que capta de forma absolutamente precisa e intencional, como arquitecto, la belleza de construcciones libres de prejuicios compositivos convencionales. El aspecto más pragmático y novedoso de las construcciones americanas de la época coincide con los principales intereses del debate de los productivistas en aquellos años. Lonberg-Holm describe de forma muy gráfica el significado de la producción como una especie de nueva fe:

> El estudio del tiempo es una profesión. Y una profesión muy bien remunerada. Lo que la iglesia de San Pedro fue para el Renacimiento europeo, lo es hoy para América la línea de montaje de Henry Ford. La más perfecta expresión para una civilización cuyo dios es la eficiencia. Detroit es la Meca de la civilización. Y los peregrinos vienen de todas partes del mundo para meditar ante su movimiento incesante.[145]

En la Unión Soviética el debate de los entornos artísticos y culturales sobre el papel de la técnica industrial en el proceso revolucionario tiene una posición central en el seno del constructivismo y especialmente desde el desplazamiento teórico hacia posiciones productivistas. Estas teorías se trasladan de forma directa al mundo de la arquitectura en los textos de Ginzburg publicados en la revista SA. La figura del artista y el ingeniero se aproximan hasta fundirse con un fin común superior que justifica el acercamiento de los dos mundos en un territorio de racionalidad materialista.

> El socialismo construirá una nueva base material y cultural para la humanidad, estableciendo unas relaciones productivas y humanas precisas, y unos procesos económicos nuevos y perfectos. Se trata de la reorgani-

---

[145] Citado por Paul Makovsky. *The Invisible Architect of Invisible Architecture*, *Metropolis* website 18/07/2014. Esta línea de movimiento incesante sin duda inspiró propuestas en la URSS como la del proyecto de casa colectiva de Barsch y Vladimirov de 1929, en el que una cinta transportadora distribuye los alimentos a lo largo de las mesas del comedor colectivo. Barsch desarrollaría junto a Ginzburg el proyecto de la *Ciudad Verde* para la ampliación de Moscú, basado en un desarrollo lineal ilimitado en torno a las vías de transporte motorizado. Ceccarelli, Paolo. *La construcción de la ciudad soviética*, Gustavo Gili, Barcelona, 1970, p.IV

zación de nuestra economía y de la materialización de un nuevo modo de vida.[146]

Como veíamos, según Ginzburg el modelo social y sus construcciones deben surgir de los métodos objetivos materiales plenamente funcionales, como resultado de un proceso científico-técnico. Se debe aplicar al diseño, a la organización constructiva de los espacios destinados a las actividades humanas, el mismo método analítico que ha permitido optimizar los procesos productivos industriales. Los gráficos de movimientos, esquemas de equipamientos y otros sistemas aprendidos de la ingeniería determinarán la solución de cada problema de la manera más eficaz. Cualquier cuestión estilística o estética queda relegada del proceso generador en una operación de intensa abstracción informal. La admiración hacia Henry Ford se centra precisamente en su capacidad para optimizar procesos, e implementar sistemas de mejora continua.

> La distribución de nuestras máquinas está hecha de forma que apenas quede espacio entre una y otra: cada pie cuadrado de espacio sobrante supone, sin duda, un cierto incremento en los gastos de producción. Éstos, junto con los gastos adicionales del transporte que surgen incluso cuando las máquinas son desplazadas seis pulgadas más de lo necesario, se convierten en una carga para el consumidor. En cada operación se calcula con exactitud el espacio necesario para el trabajador, que no se puede reducir, pues supondría un exceso. También lo es el hecho de que el trabajador y su máquina requieran más sitio del necesario. Precisamente por esto, la distribución de nuestra maquinaria está más ajustada que en ninguna otra fábrica del mundo. A alguien inexperto podría parecerle que las máquinas simplemente se apiñan una tras otra. Sin embargo, su disposición responde a métodos científicos no solo en lo que respecta a la alternancia de las diferentes operaciones, sino de acuerdo a un sistema que proporciona libertad espacial a cada trabajador, pero, en la medida

---

[146] Ginzburg, Moisei. *Éxitos de la Arquitectura Moderna*, AS, n°4-5 1927 p.112-119 en *Moisei Ginzburg. Escritos 1923-1930*. Garrido, Ginés (ed.), El Croquis, Barcelona, 2007, p.291

de lo posible, ni una pulgada cuadrada y, desde luego, ni un pie cuadrado más por encima de la norma.[147]

En este contexto surge la identificación ideal del artista soviético como diseñador de procesos, de la mano de escritores y críticos como Arvatov, Tarabukin y Tretyakov, entre otros. De una forma directa Ginzburg traslada al ámbito de la arquitectura estos conceptos, traduciendo el diseño de los edificios en clave de procesos de producción e incidiendo especialmente en la definición del programa:

> Si el diagrama es preciso y los procesos son realmente nuevos y modernos, también lo será la arquitectura que los delimite, que además deberá representar por entero nuestra realidad.[148]

El problema por tanto reside en el grado de acierto que se tenga en la identificación de las operaciones que tienen que desarrollarse en los espacios a definir, sean lugares de trabajo, de descanso o de recreo: cuanto más radicales y claros sean los gráficos de movimientos y los esquemas de equipamiento, más firme, precisa y brillante será la solución arquitectónica. Este artículo de Ginzburg, ilustrado con diagramas de procesos de producción de una hilandería, una fábrica de ácido sulfúrico y una central termoeléctrica se publica en la revista SA en 1927, el año que Rivera llegó a la URSS, poco antes de que firmara junto a Ginzburg la Declaración de la asociación *Octubre*.

El discurso teórico de O'Gorman defiende una postura muy similar, de adopción de los mecanismos que hasta entonces se han considerado exclusivos de la ingeniería en el diseño de edificios. En la memoria expositiva de las condiciones que motivaron la construcción de las *escuelas*

---

[147] Posteriormente las instalaciones de la compañía aumentarían las distancias entre edificios y dentro de cada edificio de las distintas actividades para permitir posteriores redistribuciones de procesos o ampliaciones. Ford, Henry. *Mi vida, mis logros* p.134 citado por Ginzburg, Moisei. *Éxitos de la Arquitectura Moderna*, AS, n°4-5 1927 p.112-119 en *Escritos 1923-1930*. Garrido, Ginés (ed.). Gustavo Gili. Barcelona, 2007.p.293

[148] Ginzburg, Moisei. *Éxitos de la Arquitectura Moderna*, AS, n°4-5 1927 p.112-119 en *Moisei Ginzburg. Escritos 1923-1930*. Garrido, Ginés (ed.), El Croquis, Barcelona, 2007, p.300

Autor desconocido. Juan O'Gorman. Escuela primaria y Apartamentos para Frances Toor, México DF, 1932 y ca.1933

del millón Juan O'Gorman defiende por primera vez la utilización de criterios exclusivamente objetivos y cuantificables para la solución de problemas arquitectónicos.

> ...antes que nada, fue preciso formular –con un estudio previo basado en la lógica y en la economía– un programa general, fijo en sus grandes líneas y minucioso en sus pormenores, de nuevas construcciones escolares, tendentes a satisfacer con la mayor amplitud posible, y también con el menor costo, las exigencias de una escuela que responda a los principios sociales por los cuales ha luchado el pueblo de México.[149]

O'Gorman considera la construcción de edificios según estos procedimientos como una disciplina independiente de la arquitectura, que satisface el plano exclusivamente material de las necesidades humanas. Se trata de lo que él denomina *ingeniería de edificios* o *arquitectura técnica*, frente a lo que se entiende por arquitectura propiamente dicha. Esta teoría la expuso por primera vez en la conferencia que presentó en 1933 ante la Sociedad de Arquitectos Mexicanos, en el marco del debate

---

[149] VVAA. *Escuelas Primarias, 1932*. Secretaría de Educación Pública. México, 1933 publicado en VVAA. *Juan O'Gorman. Arquitectura Escolar 1932*. Centro de Investigaciones y Estudios de Posgrado/ Facultad de Arquitectura / UNAM. México DF 2005, p.56.

suscitado sobre la arquitectura funcionalista y desde entonces formó parte del corpus doctrinal que impartió como docente.

> La arquitectura debe hacerse siempre como obra de arte, en cambio los edificios de tipo funcional son planeados en toda su extensión y detalles, simplemente como edificios útiles, en la misma forma en que se realizan las obras de ingeniería, sin tomar en consideración el efecto plástico que la forma pueda producir.[150]

Resulta significativo que en los debates que derivan en la Unión Soviética hacia el productivismo no esté entre los objetivos prioritarios el desarrollo de un nuevo sistema de expresiones formales acorde a la nueva forma de trabajo. El discurso de *Hacia una arquitectura,* que señala la belleza de las máquinas y construcciones industriales como la manifestación estética de la modernidad, no tiene cabida en la tarea de la construcción de una sociedad verdaderamente revolucionaria. Quizá existe entre los productivistas el temor de verse identificados con valores y tradiciones burgueses o quizá el cauce de sus debates colectivos durante años es el natural en medio de una tarea ingente, titánica, como supone la redefinición completa de una sociedad posrevolucionaria junto con todas sus expresiones culturales.

[150] Juan O'Gorman, Autobiografía, *UNAM*, p.113, 2007 (1ª Ed.1973).

Le Corbusier según O'Gorman

En 1924 O'Gorman leyó con gran interés *Hacia una arquitectura* y en la lectura repetida de este libro sitúa su primera intención de hacer una arquitectura puramente funcional cuando escribe sus memorias décadas después.

> Por el año de 1924 los editores enviaron a México el libro del arquitecto suizo-francés Le Corbusier, intitulado *Hacia una arquitectura*. Compré y leí este libro varias veces con el mayor interés. Entonces se me ocurrió que era necesario hacer en México una arquitectura que fuera totalmente funcional, alejada de todo lo académico y desprovista de lo que pudiera ser ortodoxia o sectarismo estético creando un arquitectura exclusivamente funcional (ingeniería de edificios).[151]

La obra de Le Corbusier se fue publicando progresivamente en diferentes medios mexicanos.[152] En 1926 el periódico *Excélsior* ofreció un artículo con tres imágenes de las casas La Roche y Jeanneret: una vista de la fachada con su larguísima ventana horizontal y dos vistas de interiores que ayudaban a entender que la nueva arquitectura no era solo una cuestión de lenguaje y composición exterior. En 1927 apareció en el mismo periódico una reseña sobre la propuesta ganadora de Le Corbusier para el concurso del Palacio de las Naciones Unidas. Ese mismo año la revista *Cemento* publicó dos fotografías de la villa en Garches sin observaciones que ayudasen a su comprensión. En 1930 la revista Tolteca dedicó un texto a la defensa de las ideas corbuserianas, junto con un dibujo de la fachada de la casa Cook. La obra de Le Corbusier con el tiempo fue muy influyente en México[153] pero en un principio tuvo un impacto mucho mayor entre los estudiantes y jóvenes arquitectos que entre los más experimentados y establecidos.

---

[151] O'Gorman, Juan. *Autobiografía*. Universidad Nacional Autónoma de México-Dirección General de Publicaciones / Equilibrista. México DF 2007, p.76
[152] La recepción de la obra de Le Corbusier en México se trata específicamente en el capítulo *La presencia de Le Corbusier* en Anda Alanís, Enrique X. de. *La Arquitectura de la Revolución Mexicana. Corrientes y estilos en la década de los veinte.* UNAM-Centro de Investigaciones Estéticas. México DF, 2008 p.168-176
[153] Sobre este tema véase Adriá, Miquel. *Le Corbusier y la conexión mexicana*. X Seminario DOCOMOMO Brasil. http://www.docomomo.org.br/seminario%2010%20pdfs/CON_02.pdf

Le Corbusier. *Vers une architecture*, portada e imágenes de la casa Ozenfant incluidas en el libro. París, 1923

En los proyectos racionalistas de Juan O'Gorman la impronta de la obra del arquitecto francés se puede identificar de forma importante en el lenguaje empleado: volúmenes sencillos, a menudo prismas puros sin ningún tipo de ornamento ni articulación compositiva que no sea propia de la proporción de los volúmenes y la dimensión y posición de huecos en sus fachadas. Existen incluso antecedentes al empleo de colores intensos diferentes según planos de fachada como el de la casa estudio de Rivera en las viviendas que Le Corbusier construye en el barrio de Frugès en Pessac entre 1924 y 1926,[154] aunque según parece la iniciativa de utilizar colores en los exteriores en este conjunto surgió por parte del promotor.

---

[154] Estas viviendas de Le Corbusier basadas en la casa Citrohan cuentan con escaleras exteriores para acceder a la terraza de la azotea al igual que las casas de Frida, Edmundo y los apartamentos de Frances Toor de Juan O'Gorman. En el clima de México esta solución resulta mucho más adecuada.

La primera casa de Juan O'Gorman proyectada para su padre en 1929 y construida entre 1930 y 1931 presenta una acusada dualidad que alcanza al sistema portante. La vivienda se divide compositiva, programática y estructuralmente en dos volúmenes muy diferenciados. Mientras la parte posterior de la vivienda es un prisma cerrado con muros de carga que alberga el programa convencional de la vivienda, al frente se sitúa un volumen prismático sin cerramiento en planta baja y envuelto por un plano de vidrio en la planta primera. Esta imagen de la estructura de hormigón armado desnuda traduce en arquitectura de la forma más cruda el esquema con el que Le Corbusier explica el sistema estructural para la casa Dom-ino: pilares y forjados de hormigón armado que liberan por completo la distribución interior y las fachadas. Una propuesta fundamental para las transformaciones vividas en la arquitectura de la primera mitad del siglo XX que se ha convertido con el paso del tiempo en un verdadero icono de la modernidad, de la aplicación de nuevos procesos para generar nueva arquitectura.[155]

En el dibujo en planta de Le Corbusier figura una estructura de 8 pilares, aunque la perspectiva prescinde de los dos pilares que quedan por fuera de la escalera, de manera que esta se tiene que resolver en voladizo. Juan O'Gorman opta en su proyecto por girar la escalera para independizarla totalmente de los planos horizontales -el trazado continuo de la escalera con escalones compensados en espiral refuerza esta idea- y acentuar así la limpieza de su geometría. La casa, que queda detrás de esta estructura destinada a estudio de pintura en planta primera y jardín de sombra en planta baja, parece en realidad la coartada para construir delante de ella un manifiesto provocador y rupturista.

---

[155] La Bienal de Venecia de 2014 celebró el aniversario de esta propuesta con la construcción de un modelo de este esquema a escala 1:1 a cargo de la AA School of Architecture of London, bajo la dirección de Brett Steele (ONE-TO-ONE DOM-INO). Esta construcción conecta con nuestros días a través de dos señales evidentes. Para permitir el desmontaje y traslado de la obra se reinterpreta su construcción con un material diferente, madera procesada, gesto dirigido también hacia la nueva sensibilidad y necesidad de integración y respeto al medio ambiente. Por otra parte y apoyándose precisamente en esta alteración se acentúa la condición objetual e icónica de la estructura como objeto de exhibición: una maqueta a tamaño natural cuyos cimientos no se entierran para buscar un sustrato firme sino que quedan sobre el terreno sin llegar a apoyar completamente.

La casa de O'Gorman para su hermano Edmundo presenta ciertas similitudes con los proyectos de Le Corbusier de vivienda tipo Citrohan y con las casas en serie para artesanos, ambos publicados en *Hacia una arquitectura*. La solución de la distribución espacial -una sala a doble altura y los dormitorios en planta primera sobre cocina y servicios de la planta baja- y el planteamiento volumétrico de la vivienda -un prisma unitario con un gran ventanal que permite iluminar el espacio interior continuohace que la imagen que ofrecen en conjunto sea muy próxima, a pesar de estar en un caso elevada sobre pilares y en el otro posada en el suelo. La pureza del volumen tiene su contrapunto en las líneas verticales de instalaciones que recorren la fachada junto a la zona de servicios de ambas viviendas. La utilización de las instalaciones vistas será un rasgo de identidad de los proyectos de la primera etapa de O'Gorman.

Hacia una Arquitectura incluía varias imágenes de la casa estudio que Le Corbusier construyó en 1922 en París para su amigo el pintor Ozenfant: una vista de la fachada exterior coronada por los dientes de sierra y los dos alzados incluidos en el capítulo dedicado a los *Trazados reguladores* y una vista interior del estudio en el capítulo de *Casas en serie*. La casa de Diego toma de la casa de Ozenfant varios elementos: la composición de huecos en fachada organizada con un gran ventanal a doble altura sobre una ventana horizontal en la planta primera, los dientes de sierra para dotar de iluminación cenital al estudio y la escalera helicoidal exterior. Sin embargo hay rasgos diferenciadores en la aplicación que hace el arquitecto mexicano de estos elementos que denotan planteamientos muy distanciados de los de Le Corbusier.

Los dientes de sierra en el caso de Ozenfant son un medio para configurar el triedro de luz del estudio del pintor y se ocultan en su cara inferior con un plafón de vidrio continuo y traslúcido que con la luz tenue de París hace que este plano sea equivalente a los transparentes de las dos fachadas. En el estudio de Rivera los dientes de sierra por contrario quedan visibles al interior -además el plano de vidrio de la fachada se desvincula del techo luminoso con el giro introducido para orientarlo hacia el norte exacto- y forman parte de las señas de identidad de la casa, en concreto de su proximidad ideológica con el mundo obrero. El taller de pintura es un espacio de trabajo, un lugar de producción que se desea más vinculado al mundo fabril que al entorno purista y conceptual que

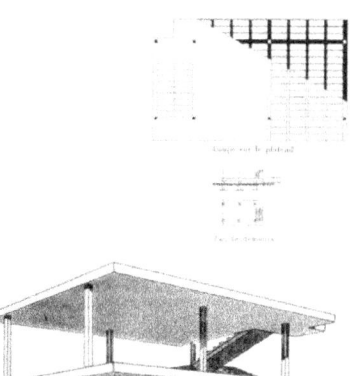
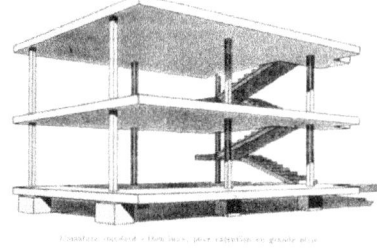
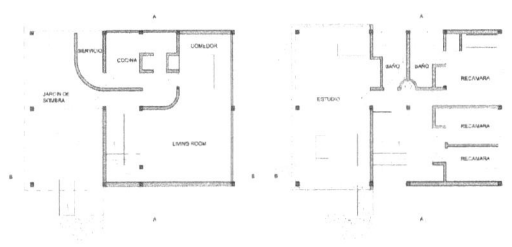

Le Corbusier. *Estructura para la casa Dom-ino*, 1914. Juan O'Gorman. Vista exterior y planta primera de la casa de Cecil O'Gorman, México DF, 1929-1931

representa el estudio de Ozenfant. La misma operación para ganar luz en el estudio se presenta de manera sofisticada y conceptual en Francia, y se reinterpreta con crudeza y en clave ideológica en México.

La fachada de la casa del pintor francés se constituye a partir de huecos sobre un plano de cerramiento blanco continuo. La fachada norte de la casa del pintor mexicano se convierte en dos grandes planos de vidrio que se diferencian entre sí tan solo por el giro de la fachada en las plantas segunda y tercera, donde está la doble altura del estudio. La planta primera de la galería en lugar de la ventana horizontal se presenta también como un plano completo de vidrio que llega de suelo a techo, interrumpido únicamente por el pilar central de esta fachada. Este pilar es testimonio del diferente entendimiento de la relación de estructura y cerramiento en el proyecto de O'Gorman, en el que fachadas y distribución no son libres como propone Le Corbusier, sino que se ciñen siempre a la posición de los pilares.

En los apartamentos construidos por Juan O'Gorman para Frances Toor hay una relación importante con la casa Cook de Le Corbusier en varios aspectos. Ambas son viviendas entre medianeras con una composición de la fachada frontal similar: planta baja abierta con el volumen curvo de la escalera retranqueado y un pilar en el eje, plantas primera y segunda con ventanas en toda la longitud, y terraza en la planta tercera con elementos asimétricos (en la casa de O'Gorman a un lado hay una terraza y al otro un cuerpo edificado; en la casa de Le Corbusier el cuerpo edificado está retranqueado y antecedido por un balcón). En este caso también las ventanas de Le Corbusier son huecos rasgados en horizontal, mientras que las de O'Gorman llegan hasta el techo ocupando cerca de la mitad de la altura de cada planta. La fachada, de nuevo, no se compone libremente sino que se ciñe a pilares y losas para evitar el empleo de estructura secundaria.

Menos conocidas pero no menos evidentes y significativas son las relaciones del proyecto *Transición* de O'Gorman con las viviendas *Loucheur* y los *Immeuble-Villa* de Le Corbusier. El maestro francés comienza a desarrollar durante un periodo de tiempo prolongado una serie de proyectos de vivienda mínima a raíz de la aprobación de la ley Loucheur. Con esta ley se pretendía favorecer la construcción de viviendas económicas para obreros y al mismo tiempo dar un impulso importante a la industria

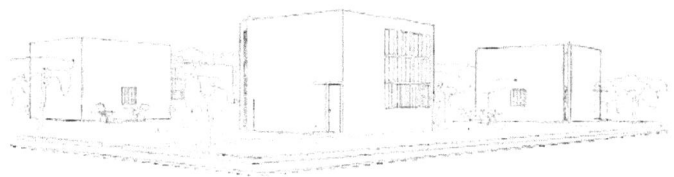

Juan O'Gorman. Casa estudio para Diego Rivera, 1932; casa para Edmundo O'Gorman, ca.1933. Le Corbusier, casas en serie para artesanos, ca.1923

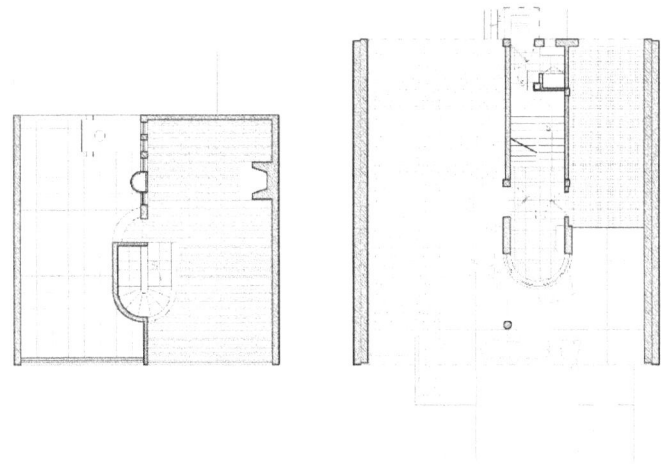

Juan O'Gorman. Apartamentos para Frances Toor, planta tercera, México DF, ca.1933. Le Corbusier. Casa Cook, planta baja, 1926

siderúrgica de Francia. Aunque no recoge ninguna de las versiones desarrolladas en su estudio, en *Hacia una Arquitectura*[156] Le Corbusier menciona expresamente esta ley como punto de partida para la búsqueda de nuevas soluciones de fabricación de vivienda.

> Acaban de fijarse el programa. Loucheur y Bonnevay piden a la Cámara una ley que disponga la construcción de 500.000 casas baratas. Es una circunstancia excepcional en los anales de la construcción, circunstancia que requiere igualmente medios excepcionales.[157]

Le Corbusier desarrolla varias versiones, todas ellas a partir de un volumen sencillo elevado sobre pilares y con la posibilidad de una agrupación pareada.[158] Es significativo que en el desarrollo constructivo de la propuesta Le Corbusier opte por una solución que combina la prefabricación y el montaje propio del sistema de producción tecnológico en serie con elementos de construcción de albañilería tradicional, apoyada en artesanos locales. Esta decisión denota una voluntad de situarse entre las nuevas oportunidades de desarrollo de una industria de la vivienda y la realidad productiva del sector en el momento. Se trata sobre todo de hacer el proyecto verdaderamente viable. Así lo expone Le Corbusier en un ciclo de conferencias dictadas en Buenos Aires en 1929 en el que defiende la capacidad de la técnica para generar contenido lírico en las obras de arquitectura. O'Gorman argumenta en la memoria del proyecto *Transición* una decisión idéntica:

> Se estudió la construcción en acero de toda la estructura, con el fin de hacer totalmente standarizable la construcción para ser montada rápi-

---

[156] Sí figuran en cambio las casas Citrohan, Monol y Dom-ino, un importante acercamiento al problema de la vivienda inspirado en soluciones y métodos de fabricación del automóvil.
[157] Le Corbusier, *Hacia una Arquitectura*, Ediciones Apóstrofe, Madrid, 1998 (1ª Ed.1923) p.189
[158] Tras abandonar este proyecto hacia 1929 tendría una materialización posterior en 1955 en las casas rurales montadas en seco en Lagny-sur Marne. El proyecto se desarrolla con soluciones metálicas industrializadas gracias a la colaboración de Jean Prouvé. Sobre el proceso original de diseño de las viviendas véase Díaz Segura, Alfonso y Mocholí Fernández, Guillermo. *Les Maisons Loucheur. La Máquina para habitar se industrializa, Universidad de Sevilla*, May.2002

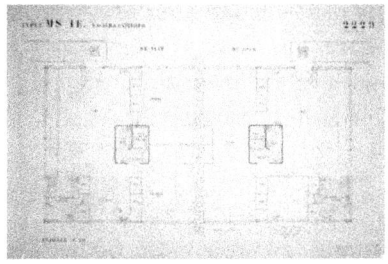
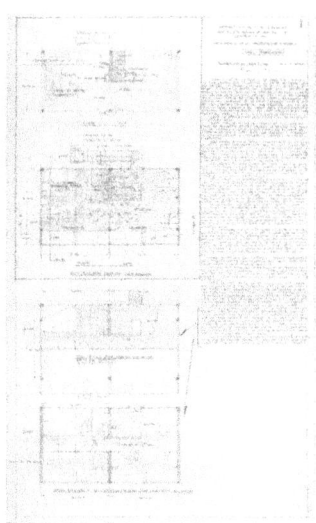

Le Corbusier. Casas *Loucheur*, planta de dos viviendas pareadas por un muro medianero, ca.1929. Juan O'Gorman. Proyecto Transición, planta de vivienda tipo aislada, México DF, 1932

Le Corbusier. Immeuble-Villa, dibujo incluido en Hacia una Arquitectura, publicado en México en 1924. Juan O'Gorman. Proyecto Transición, perspectivas de "agrupamiento para mayor concentración", México DF, 1932

damente en cualquier lugar, pero se encontró que el precio por casa era excesivo y se tendría que empezar por crear la industria constructora para que surtiera efecto la economía al standarizar sus elementos, y se optó por un tipo intermedio, posible en su costo en relación con el beneficio que procura, y que su conservación no costara, llegando a la solución que se presenta.[159]

Más allá de la similitud formal entre las propuestas de Le Corbusier y el proyecto *Transición* de Juan O'Gorman resulta significativa la coincidencia en la postura realista adoptada por ambos ante la posibilidad de iniciar una verdadera industria de la vivienda en sus países. Poco tiempo después O'Gorman revolucionaría la construcción de escuelas en México con la implantación de nuevos sistemas y métodos en las que se conocen como *escuelas del millón*. La materialización del proyecto *Transición* podía haber tenido también, en caso de haberse realizado, un impacto en la arquitectura mexicana de la época y concretamente en la construcción de viviendas que hoy sólo podemos imaginar.

Resulta igualmente clara la relación compositiva entre la agrupación de viviendas multifamiliares presentada en el panel 7 presentado por O'Gorman y la de los *Immeuble-Villa* de Le Corbusier, especialmente en su configuración construida en Fruges (Pessac), que aparece publicada en *Hacia una Arquitectura*. En ella se alternan en una disposición en damero las viviendas con sus terrazas techadas a doble altura. La versión de O'Gorman, también en damero a diferencia de la perspectiva de Le Corbusier de las *Immeuble-Villa*, alternan cada vivienda con su correspondiente espacio exterior techado para "servicios, taller y recreo abierto a un lado de ella" según explica O'Gorman en la memoria del proyecto. En la azotea se disponen espacios de uso comunitario "para hacer fiestas, actos cívicos, juntas vecinales, etc.; además la administración del edificio, mesa del sindicato, bibliotecas, salas de reuniones y lugares de descanso." Estos usos y los dientes de sierra de su cubierta cobran especial significación dada la finalidad de la propuesta para la clase trabajadora obrera, pero además pueden ser sintomáticos de

---

[159] O'Gorman, Juan. Proyecto *Transición*, panel 2, México DF, 1932

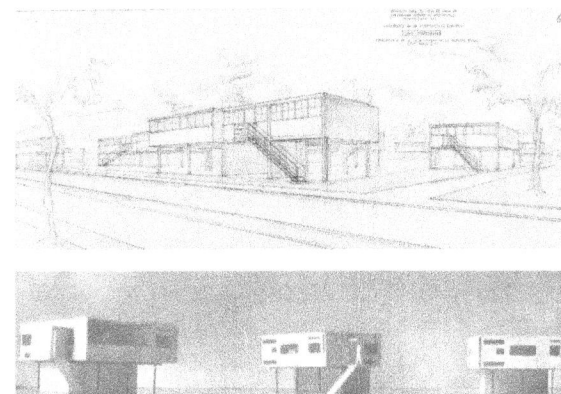

Juan O'Gorman. Proyecto Transición, perspectiva de conjunto viviendas aisladas y pareadas por un muro, México DF, 1932. Le Corbusier. Casas *Loucheur*, en su versión construida en Lagny-sur-Marne, 1955

cierta influencia de los proyectos soviéticos de vivienda comunitaria que en aquellos años exploraban distintos grados de colectivización de los servicios comunes.

Las diferencias que el arquitecto mexicano introduce en sus proyectos respecto de la obra de Le Corbusier tienen su paralelo en las de los respectivos discursos teóricos y denotan las circunstancias tan diferentes en las que surgen. La portada del capítulo que Le Corbusier dedica a las casas en serie aparece ilustrada con imágenes de un vehículo Citroën: el automóvil aparece reproducido en unos carteles o anuncios y al fondo a un lado se alcanza a ver en segundo plano parte de un frontón apoyado sobre una columna clásica. Esta convivencia condensa la mirada dual que recorre toda la publicación dirigida simultánea o alternativamente hacia las formas generadas por la técnica y las heredadas de la tradición de la arquitectura clásica, como posibilidad o más bien necesidad de articular un nuevo concepto de belleza. El interés de O'Gorman por el mundo de la ingeniería y su compromiso social y revolucionario matizan de forma importante la admiración que manifestó hacia Le Corbusier. O'Gorman deja de lado cualquier consideración de orden estético para armar en torno a la capacidad transformadora de la técnica un discurso de racionalidad constructiva radical. Lejos de dejarse llevar por la fascinación de la estética de las máquinas o de aspirar a desarrollar un nuevo lenguaje formal derivado de los nuevos procesos y planteamientos técnicos, O'Gorman se interesa por la manera en la que cada parte en el edificio cumple una función determinada de forma precisa y por la manera en que esto se materializa con los sistemas constructivos más eficaces y económicos. La estética queda, en teoría, totalmente apartada de los valores del proyecto.

Esta visión presentada por O'Gorman, tanto en sus escritos teóricos como en sus proyectos es mucho más cercana a algunos racionalistas europeos ligados igualmente a posiciones comunistas: Hannes Meyer, Mart Stam, Hans Schmidt, Ernst May y otros arquitectos que trabajaron en países centroeuropeos y los cercanos al movimiento productivista de la Unión Soviética.

Respecto a los cinco puntos de Le Corbusier, O'Gorman adopta de forma generalizada los referentes a la construcción sobre pilotes y la cubierta ajardinada, en su caso como terrazas sin vegetación. Las casas estudio de Diego y Frida se elevan las dos sobre pilares, tan solo el bloque que alberga el estudio fotográfico se posa completamente sobre el plano del suelo. La azotea de la casa de Frida sirve de conexión mediante el puente con otra terraza sobre el cuerpo auxiliar del estudio de Diego. Los puntos de planta libre, fachada libre y ventana longitudinal no están presentes en los proyectos de O'Gorman, en los que cerramiento exterior y distribución interior se ciñen a la retícula de los pilares. El sistema estructural tiene una función reguladora que determina tanto la distribución en planta como la composición de las fachadas. Esto supone una diferencia conceptual importante que no impide la incorporación de otros rasgos formales de la arquitectura de Le Corbusier como el empleo de geometrías curvas en las plantas, a modo de puntuación del sistema general ortogonal.

ENCUENTRO PARA LA REVOLUCIÓN

Pintura y comunismo

> Por el año de 1923 me hice amigo del maestro Diego Rivera, cuando pintaba el mural a la encáustica del Anfiteatro Bolívar de la Escuela Nacional Preparatoria.
>
> Entonces conocí también al gran maestro José Clemente Orozco, que pintaba los frescos del patio de la misma escuela preparatoria.
>
> Con Orozco era difícil entablar conversación por su carácter hosco y grosero. No quería que lo molestaran cuando trabajaba, y tenía razón.
>
> En cambio, a Diego Rivera le encantaba charlar con el que se le acercaba. Tuve el gusto, siendo estudiante, de platicar con él.[160]

La Escuela Preparatoria Nacional que O'Gorman menciona en sus memorias es la escuela en la que cursó la formación previa a los estudios superiores en la facultad de arquitectura. En esta misma escuela estudió también Frida Kahlo, dos años más joven que O'Gorman. Ambos coincidieron en el período que dirigió la institución José Vasconcelos antes de convertirse en el primer secretario de Educación Pública de México y de ser rector de la Universidad Nacional de México. Sin duda, con Vasconcelos al frente de la escuela, se respiraba el ambiente de optimismo nacionalista que confirió a todas las instituciones que presidió durante los años posteriores a la Revolución. La amistad entre Juan O'Gorman y Frida Kahlo se mantendría durante toda su vida.

O'Gorman procedía de una familia culta de origen irlandés. Como veíamos, su padre, ingeniero de minas, le inculcó el interés por la lectura y un espíritu crítico positivista y ateo, mientras que su madre representó para él los valores propiamente mexicanos con los que siempre se identificó, con excepción de la religiosidad. En este asunto y en sus ideales políticos comenzó a distanciarse de la educación recibida desde pronto.

---

[160] O'Gorman, Juan. *Autobiografía*. Universidad Nacional Autónoma de México-Dirección General de Publicaciones / Equilibrista. México DF 2007, p.89

Cuando yo tenía diecinueve años de vida, pertenecí a lo que en México se llamó, en aquella época, "la izquierda"; es decir, frecuentaba, aunque no era miembro de ninguna organización política, a muchas personas –amigos y conocidos- que profesaban la doctrina socialista.

Cuando fui estudiante de la Universidad, conocí a muchas personas valiosas (…) y, sobre todo, al maestro Diego Rivera, hombres de izquierda que influyeron e mi pensamiento haciéndome ver y sentir lo que ellos consideraban útil y necesario en el desarrollo social humano del mundo contemporáneo.

Desde luego, fui ardiente simpatizante de la Revolución de Octubre y de todo aquello que significaba para mí lo que mejora las condiciones sociales del hombre. En cierto modo, esto fue, al principio, una fe que sustituyó a esa mística que yo no tenía. Pero fe que sirve como medio de desarrollo en la juventud y que me unió a la izquierda intelectual de México.[161]

El biógrafo de Diego Rivera menciona a O'Gorman como el líder de los jóvenes arquitectos alumnos de Villagrán que apoyaron a Rivera en el conflicto surgido cuando fue director de la Escuela Nacional de Artes Plásticas, en el curso entre 1929 y 1930,[162] por lo que debemos pensar que su relación para entonces ya era de bastante confianza. Les unía un compromiso común por la Revolución Mexicana, la dedicación a la pintura y el deseo de hacer surgir en México una arquitectura verdaderamente moderna que expresara los nuevos valores nacionales. Para los dos la relación entre arte y revolución era una cuestión fundamental. Lo era para los tres, Frida Kahlo se une en Enero de 1928 a un grupo de intelectuales próximo a los comunistas. En este grupo están el pintor Xavier Guerrero, la fotógrafa italiana Tina Modotti y el líder revolucionario Julio Antonio Mella, que vivía refugiado en México.[163] Desde entonces la actividad política para Frida es parte fundamental de su vida aunque su participación pública no sea tan frecuente como la de Diego Rivera.

---

[161] O'Gorman, Juan. *Autobiografía*. Universidad Nacional Autónoma de México-Dirección General de Publicaciones / Equilibrista. México DF 2007, p.52
[162] Wolfe, Bertram D. *The fabulous life of Diego Rivera*. First Cooper Square Press edition, Nueva York, 2000 (1ª ed.1939), p.257
[163] Le Clézio, J.M.G. *Diego y Frida. Una gran historia de amor en tiempos de la revolución*. Ediciones Temas de Hoy, Madrid, 1994. (1ª ed. Editions Stock, Nueva York, 1993), p.62

Diego Rivera se representa a sí mismo como *arquitecto junto al escultor y el pintor*. Mural de la escalera de la Secretaría de Educación Pública, 1926. Cecil Crawford O'Gorman. Autorretrato, 1940 (al fondo, plano de Coyoacán con las casas de Diego y de Juan en su parte inferior)

Frida Kahlo. Retrato de mi padre Wilhelm Kahlo, 1952

Entre Juan O'Gorman y Diego Rivera llega a establecerse una relación muy especial. Seguramente quien haya expresado mejor la naturaleza de esta relación y con mayor conocimiento de causa sea el hermano de Juan, el historiador Edmundo O'Gorman. Su afirmación es rotunda:

> Cecil Crawford O'Gorman no era el padre de Juan; Diego Rivera era el padre de Juan, mi hermano.[164]

O'Gorman aprendió a pintar gracias a su amistad con Antonio Ruiz apodado *El Corsito*, Joaquín Clausell y Ramón Alva Guadarrama, pero su gran maestro sin duda fue Rivera, a quien consideró el más grande de los pintores mexicanos y "uno de los hombres más inteligentes del mundo". De él dice que aprendió la composición pictórica, la integración del estilo y carácter con el edificio en el que se situaban los murales. En su maestro vio a un verdadero impulsor del México del siglo XX, descubridor del valor del arte popular y de sus artistas hasta entonces desconocidos y además pionero en el aprecio por las obras arqueológicas más allá de su valor histórico por sus cualidades intrínsecamente artísticas.[165]

Como veíamos, la identificación general de la influencia colonialista con las fuerzas antirrevolucionarias había propiciado en México que el impulso de la identidad nacional se apoyara fundamentalmente en el rescate de rasgos precoloniales por su valor simbólico en oposición al régimen dictatorial anterior. Tras un largo período de influencia extranjerizante, en los medios intelectuales comprometidos con los cambios revolucionarios se mira con cierta desconfianza cuanto pueda provenir del exterior del país, especialmente si se puede asociar con el colonialismo. En boca de Diego Rivera esta consigna se convierte en auténtico eslogan. Es paradigmático en este sentido el cambio de imagen personal en Frida Kahlo a lo largo de los años en que comienza su relación

---

[164] Guzmán Urbiola, Xavier. *Juan O'Gorman. Sus primeras casas funcionales* (entrevista a Edmundo O'Gorman). Universidad Nacional Autónoma de México-Dirección General de Publicaciones. México DF 2007, p.29
[165] O'Gorman, Juan. *Autobiografía*. Universidad Nacional Autónoma de México-Dirección General de Publicaciones / Equilibrista. México DF 2007, p.91-95

con Diego Rivera. Su aspecto transita desde el uso del sobrio atuendo con el que manifiesta su compromiso comunista -influenciada por su amistad con Tina Modotti usa falda y blusa negra y un broche con una hoz y un martillo-[166] hacia la imagen icónicamente mexicana con la que se hizo popular: vestidos folclóricos artesanales,[167] adornos y tocados tradicionales. Su propio aspecto se convierte en parte indisolublemente asociada a la introspección personal de toda su obra, en no pocos de sus cuadros aparece alguno de sus vestidos aislado, como símbolo dentro del universo imaginario cercano a las pinturas de exvotos que la inspiraron.

La obra pictórica de O'Gorman llegaría a alcanzar una gran importancia dentro del panorama artístico mexicano. En 1950 el Instituto Nacional de Bellas Artes de México le dedicaría una exposición individual a su obra pictórica, desde 1971 sería miembro de la Academia de Artes y recibiría el Premio Nacional de las Artes en 1972. Su pintura de alguna manera oscila entre el tono intimista de los cuadros de Frida y la potencia transformadora de los murales de Rivera. Su obra de caballete se centra por un lado en paisajes rurales, industriales o urbanos que van cediendo lugar en su última época a visiones del mundo con un tono surrealista oscurecido por el pesimismo. Por otro lado pinta numerosos retratos, con una cantidad importante de autorretratos de corte realista. En 1950 pinta su célebre *Autorretrato múltiple* en el que una mano pinta a O'Gorman sentado, pintándose a sí mismo, reflejado en un espejo con Juan O'Gorman arquitecto en pie sosteniendo el proyecto del retrato. El interés por el retrato y más aún por el autorretrato es un rasgo común con la obra de Frida, para ambos es un género recurrente a lo largo de la vida aunque cada uno lo desarrolla en un tono muy distinto. Mientras que los autorretratos de O'Gorman se mantienen en un plano realista, los de Frida se nutren de imágenes oníricas y simbólicas que revelan la naturaleza de lo que permanece oculto a los ojos.

---

[166] Adys Cupull, Alejandro Gómez Arias et al. *Julio Antonio Mella en los Mexicanos*, Ed. El Caballito, México, 1983 p.60 citado en Le Clézio, J.M.G., *Diego y Frida*, Madrid 1994, p.75
[167] El traje más utilizado por Frida era el de tehuana. Esta elección puede interpretarse como afirmación de fortaleza e independencia, cualidades comúnmente atribuidas a las mujeres del Istmo de Tehuantepec. Bartra, Eli. *Frida Kahlo. Mujer, ideología, arte.* Icaria Editorial, Barcelona, 1987, p.77

La obra mural de O'Gorman tiene voluntad decididamente didáctica y contenidos a menudo históricos que se unen siempre para reivindicar los valores revolucionarios y de lucha social. Como sucede con los frescos de Diego Rivera, los murales de Juan se sitúan frecuentemente en el límite de la propaganda política provocando situaciones de enfrentamiento que acabaron con la destrucción de alguna de sus obras.

El caso de mayor repercusión seguramente fue la destrucción de los murales que Diego ultimaba en el vestíbulo del R.C.A. Building, en el Rockefeller Center de Nueva York, bajo el título de *El Hombre en la Encrucijada*. Rivera había incluido en el último momento la imagen de Lenin entre los trabajadores y cuando le requirieron a sustituir su figura se negó rotundamente, diciendo que prefería morir antes que mutilar su obra. Se dice que los murales pintados también por Rivera en el patio del Detroit Institute of Arts, igualmente atrevidos, fueron protegidos durante un tiempo por obreros para asegurarse de que no sufrían daños. Pocos años después, en 1938, el mural que O'Gorman acababa de pintar en la sala de espera del Puerto Central Aéreo de la ciudad de México titulado *La Conquista del Aire* fue destruido por una orden procedente del gobierno, en concreto del subsecretario de Comunicaciones y Obras Públicas, por incluir consignas comunistas y caricaturas de Hitler y Mussolini, que O'Gorman se negó a borrar.[168] El arte se presenta como herramienta al servicio de los ideales sociales y a la vez reclama, desde la paleta de Diego, Juan y Frida, su condición de autonomía irrenunciable.

---

[168] El pintor mexicano encabezó junto con Frida una enérgica protesta de numerosos artistas en apoyo a la obra de O'Gorman. Sostiene Raquel Tibol que en este acontecimiento puedo originarse el distanciamiento entre Trotsky y Rivera. Este último acusaría a Trotsky de influir para que no se publicara en la revista *Clave* un texto escrito por O'Gorman y Rivera para denunciar la censura sufrida.

Juan O'Gorman. Fragmentos de algunos de sus autorretratos, 1949, 1949, 1951, 1963. Juan O'Gorman. *Autorretrato Múltiple*, 1950. Detalle: un sapo sobre un plano de arquitectura racionalista.

Tina Modotti. *Estadio, Obreros de la construcción en el estadio* y Andamios en el estadio.

Frida y el espacio propio

Una de las cuestiones que resultan más llamativas en relación a la construcción que O'Gorman proyectó para el matrimonio Rivera es el hecho de que se trata en realidad de un conjunto con dos casas claramente diferenciadas, unidas por el célebre puente que discurre entre el estudio de Diego y la azotea de Frida. En realidad el conjunto lo forman dos casas y tres estudios: el de cada uno de los pintores integrado en sus respectivas casas más el estudio fotográfico situado al fondo de la parcela en una pequeña construcción independiente, que fue utilizado por Guillermo Kahlo, el padre de Frida.[169]

Cada una de las dos casas puede funcionar de manera completamente autónoma, hasta el punto de que tienen accesos diferenciados a la parcela desde cada una de las dos calles que hacen esquina, Palmas y Altavista. Sin embargo hay salvedades importantes a esta autonomía como el hecho de que no hubiera en la casa de Diego ni un espacio propiamente estancial, ni cocina (según parece por lo general una empleada preparaba la comida en el patio, al aire libre). Esta casa consiste fundamentalmente en un gran espacio para el estudio de pintura sobre otro espacio importante destinado a galería de cuadros y objetos prehispánicos y propios de la cultura popular mexicana. El resto de espacios en la vivienda son de orden menor y por sus dimensiones y posición pueden considerarse de servicio, incluidos los dormitorios situados en cada planta, que se empaquetan junto con los cuartos de baño y la escalera interior. No hay espacios de estancia propiamente dichos, fuera del propio estudio y la galería, el resto son espacios mínimos y ensimismados.

---

[169] Guillermo Kahlo, de origen alemán, era pintor de vocación aunque se dedicó profesionalmente a la fotografía, destacando como fotógrafo de arquitectura. Tuvo tres hijas de un primer matrimonio y un hijo y otras cuatro hijas –entre ellas Frida- de su segundo matrimonio. Con ella siempre tuvo una relación de especial cercanía.

Al visitarlos hoy día sus reducidas dimensiones hacen difícil imaginar que albergaran el inmenso físico de Diego. La singular silueta fabril de la cubierta refuerza la idea de que se trata de un espacio de producción más que de una casa, un espacio de producción artística en la línea desarrollada por los productivistas rusos de asociar el trabajo creativo con el de la clase proletaria. Cuando la pareja se trasladó a la antigua casa azul de la familia Kahlo en Coyoacán, tras la muerte de Guillermo Kahlo, Diego siguió acudiendo a pintar a su estudio en las casas de la avenida Altavista.

La casa de Frida, que tiene su estudio en planta segunda junto a la recámara, responde a una distribución menos alejada de lo habitual para viviendas unifamiliares. Sí resulta especialmente significativo el hecho de que las dos casas se dan mutuamente la espalda: mientras que la casa de Diego tiene sus grandes ventanales orientados al norte, hacia la parcela en la que O'Gorman había hecho su primer ensayo de casa racionalista, la casa de Frida abre sus huecos más importantes hacia el Sur y el Este, es decir hacia la avenida Altavista y la otra parcela vecina y en las fachadas más alejadas de la casa de su marido.

La escisión de la casa en dos edificaciones independientes a la vista de la particular forma de entender y vivir el matrimonio que se dio entre los dos pintores parece bastante natural. Frida y Diego se casaron en 1929 -cuando ella tenía 22 años y él 43-, se divorciaron en 1939 y volvieron a casarse en 1940. Su relación estuvo jalonada de numerosas infidelidades y separaciones y a pesar de ello siempre fue más fuerte lo que les unía. Frida se mueve con la misma pulsión creadora que anima a Diego. Pintar no es para ellos una profesión, es su principal pasión, algo tan necesario como el respirar. Esto, junto con su firme compromiso con la revolución comunista, hace que su unión se fortalezca en una prolongada lucha en común.

Aunque hasta su muerte Frida permaneció fiel a su ideal comunista, a menudo lamentaría no producir una obra tan comprometida con la revolución como la de Diego. Sus cuadros, lejos del tono épico de la obra de creación y recepción colectiva y de la temática marcadamente social de Diego, trazan una autobiografía íntima de la identidad femenina a través del dolor personal. Corporeidad herida narrada en un tono lírico con imágenes que fascinaron por completo a los surrealistas. André Breton, quien se hospedaría con su esposa durante unos meses en las casas de Altavista en 1938,[170] describe la pintura de Frida como *marcadamente femenina, en el sentido de que, para ser tan seductora como sea posible, esté dispuesta, de manera total a alternar entre el juego de ser absolutamente pura o absolutamente malvada. El arte de Frida Kahlo es como una cinta que envuelve una bomba*. Sin embargo la fascinación no es mutua, Frida no soporta el juego intelectual de los pintores franceses y se refiere a ellos con la mayor de las crudezas: "montón de hijos de perra lunáticos que son los surrealistas",[171] escribe desde París en 1939, donde Breton preparaba una exposición en la que se mostrarían algunos cuadros suyos.

¿Qué sabemos de la participación de Frida en el diseño de las casas y en concreto en la decisión de hacer dos casas separadas? No hay testimonios ni escritos que nos permitan tener una idea acerca de la manera en que se fue desarrollando el proyecto, de las conversaciones en las que Diego y Frida expondrían a O'Gorman sus deseos y este a su vez las propuestas para la construcción. Tan solo han llegado hasta nosotros algunas alusiones puntuales, escasas y muy poco descriptivas.

Cuenta en su memorias Juan O'Gorman que Diego le pide que proyecte y construya una casa para él y otra para su esposa. En septiembre de 1932 Frida tiene que interrumpir su estancia en Detroit, donde Diego trabaja en los murales del DIA (Detroit Institute of Arts) y emprende en compañía de Lucienne Bloch un penoso viaje de regreso a México para visitar a su madre enferma. Matilde Kahlo, la madre de Frida, fallece pocos días después de la llegada de su hija de Estados Unidos. En las semanas que permaneció en México Frida acudió a visitar las nuevas casas de San Ángel con Lucienne. Aunque la idea de tener casas separa-

---

[170] Durante la visita de Bréton prepararon el *Manifiesto por un Arte Libre y Revolucionario*. El texto fue redactado principalmente por Trotsky y Bréton aunque se publicó, fechado el 25 de julio de 1938, con las firmas de Diego Rivera y André Bréton. Para el manifiesto partieron de una consigna tomada del libro de Trotsky *Literatura y Revolución*: "¡Toda licencia en arte!"
[171] Rivera, Diego. *My art, my life*. The Citadel Press, Nueva York, 1960 p.226 citado en J.M.G. Le Clézio. Diego y Frida Ediciones Temas de Hoy Madrid, 2008.

das en la misma parcela fuera de Diego, a Frida le agradaba igualmente: "Yo podré trabajar y él también".[172]

Frida fue una de las treinta y cinco mujeres que ingresaron en la universidad en un curso con cerca de dos mil estudiantes. Siempre mostró una personalidad inquieta, inteligente y creativa, a menudo provocadora. Desde joven se vinculó con numerosas personalidades del mundo del arte y la cultura, más aún desde su matrimonio con Rivera. Entre las relaciones que tuvo fue especialmente intensa para ella la amistad con la pintora estadounidense Georgia O'Keeffe, con quien coincidió en Nueva York en 1931 con motivo de la exposición monográfica que el Museo de Arte Moderno de Nueva York dedicó a la obra de Diego Rivera. O'Keeffe poseía un cuadro pintado por Diego (*Mujer sentada*) y hay motivos para pensar que su relación con Frida puede remontarse a 1930, el año que el matrimonio Rivera llegó a Estados Unidos en su primer viaje.[173]

Tanto Frida como Georgia tuvieron que desenvolverse en un medio hostil dominado por los hombres. Ambas estaban casadas con artistas mayores que ellas, con una considerable diferencia de edad y notablemente reconocidos (el esposo de Georgia era el célebre fotógrafo de origen judío alemán Alfred Stieglitz, 23 años mayor que ella; Diego tenía 21 años más que Frida). Georgia O'Keeffe y Virginia Woolf procedían de contextos culturales parecidos, ambas comprometidas con la expansión del espacio creativo en el que estaban confinadas las mujeres y relacionadas con las reivindicaciones sufragistas. Es muy posible que a través de Georgia, Frida conociera las ideas de Virginia Woolf expuestas en su texto *A Room of One's Own*:[174] la necesidad de contar para el trabajo creativo con un espacio físico propio e independiente y la importancia de tener además autonomía económica. Para la realidad de las mujeres

---

[172] Herrera, Hayden. *Frida: Una biografía de Frida Kahlo*. Editorial Diana, México, 1983 p.205
[173] Stahr, Celia. *Frida in America. The Creative Awakening of a Great Artist*. St.Martins 2020.
[174] Agradezco a Emilio Tuñón que me señalase esta posible relación. Varias obras inciden específicamente en las dificultades asociadas con el hecho de ser mujer y artista en el caso de Frida Kahlo, como el libro de Eli Bartra, *Frida Kahlo. Mujer, Ideología y Arte*, o el artículo de Ernestina Osorio, *Unequal unión. La Casa Estudio de San Angel Inn, c.1929-1932*.

de la época esto suponía una postura atrevida, radicalmente opuesta a lo comúnmente aceptado. En el caso del matrimonio de Diego y Frida fue algo que el propio pintor alentó. No solo fue quien propuso vivir en dos casas independientes, cada una con su estudio, sino que en todo momento animó a Frida a que pintara, facilitando la comercialización de sus cuadros con sus múltiples contactos.

Al margen de lo atípico de la configuración arquitectónica de las casas, muy apropiada para una relación matrimonial tan compleja, las estrechas y empinadas escaleras de las casas de la avenida Altavista las convirtieron para Frida en un lugar incómodo, una dificultad añadida a los múltiples cuidados y limitaciones que le imponía su maltrecho estado de salud. A principios de 1935 Frida se cambió de la casa en San Ángel a un apartamento de un edificio moderno en la Avenida Insurgentes a raíz de la relación que el pintor mantenía con su hermana Cristina. Fue la primera separación del matrimonio, el inicio de una compleja sucesión de idas y venidas tras las que subyacía una relación destinada a perdurar a través de las infidelidades. Posteriormente el matrimonio se instalaría en la casa familiar de la familia Kahlo. Dadas las dificultades económicas que atravesaban, Diego se avino a comprar la casa y trasladarse allí con Frida, aunque como decíamos seguiría utilizando para trabajar el estudio de Altavista.

Diego Rivera arquitecto

Cuando Diego Rivera pinta su autorretrato en lo alto de la escalera de la Secretaría de Educación Pública se sitúa a la cabeza de los constructores: junto al pintor y el escultor, sentado con un plano abierto entre las manos representa con su propia figura al arquitecto. Esta imagen sintetiza perfectamente uno de los rasgos que caracterizan a Diego Rivera, su profundo interés por la arquitectura manifestado de múltiples maneras. Además de defender un perfil de artista renacentista capaz de abordar diferentes disciplinas creativas, Diego Rivera desarrolla una teoría del mural como forma de expresión espacial que, según él mismo defiende, debe considerarse arquitectura. Pero su interés en la arquitectura va más allá, y llega al punto de cristalizarse en intervenciones directas en este ámbito como la participación pública en debates centrados en cuestiones disciplinares o el desarrollo de varios proyectos para edificios importantes.

La primera ocasión en la que demuestra este interés tiene lugar en 1924. Rivera se enzarza entonces en un cruce de artículos de tono severamente crítico con uno de los arquitectos directores de la Sección de Arquitectura del periódico Excélsior, Juan Galindo, al sugerir que se modificara la escalera del Estadio Nacional de la Secretaría de Educación Pública. El pintor había recibido un encargo para realizar un trabajo mural en este edificio, terminado ese mismo año por José Villagrán García, y muestra una postura claramente contraria al estilo neocolonial empleado en esta y muchas otras obras importantes de la época.

> Y fueron cientos de maestros alarifes, miles de humildes maestros de obras, cientos de canteros y albañiles de genio, crearon ese estilo "colonial" que ahora bajo pretexto de "Renacimiento Mexicano" se copia aquí tan mal, envilecido: vergüenza de México, esta sí que es.[175]

---

[175] López Rangel, Rafael. *Diego Rivera y la arquitectura mexicana*. Secretaría de Educación Pública, México DF, 1986 p.3. Publicado en línea en http://www.rafaellopezrangel.com/nuevolibrolinea.htm

Las críticas de Rivera al "neocolonial" se unen a las procedentes de algunos arquitectos como el maestro de Juan O'Gorman, Guillermo Zárraga, y se entienden más claramente desde la renovación emprendida en el ámbito de la pintura por los integrantes del movimiento muralista.

En 1926 tiene lugar otra intervención aún más significativa: se publica en *Forma*, la revista de la Secretaría de Educación Pública y la Universidad Nacional de México dedicada a las artes plásticas, un proyecto de Diego Rivera para un *teatro en un puerto del Golfo de México*. El texto que acompaña al proyecto tiene la firma de A. Lazo (seguramente el pintor Agustín Lazo).[176] En él se destacan entre las cualidades del proyecto la inexistencia de ornamentación, la combinación armoniosa de superficies planas y curvas, la desnudez del cemento armado y la solución de continuidad de la modernidad con la historia. Junto con estos rasgos propios de una arquitectura moderna aparecen otros más conservadores como la configuración absolutamente simétrica de los volúmenes, un planteamiento programático sin novedades reseñables y la utilización de algunos recursos tradicionales como las bóvedas para la cubrición de algunos espacios. Este proyecto, por su magnitud y el carácter emblemático de su función, da la medida de la ambición de Rivera en el ámbito de la arquitectura.

Por las mismas fechas Diego Rivera señala en un artículo publicado en *Mexican Folkways*[177] una casa construida por Carlos Obregón Santacilia y José Villagrán García como ejemplo de mexicanidad. En la segunda

---

[176] Lazo hace un elogio incondicional del proyecto en el que concluye sorprendentemente señalando a Rivera como la figura capaz de liderar la renovación de la arquitectura mexicana: "…una inteligencia superior que les preste unidad y fisonomía definitivas y una voluntad tensa que haga de la obra útil, obra bella." López Rangel, Rafael. *Diego Rivera y la arquitectura mexicana*. Secretaría de Educación Pública, México DF, 1986 p.18 Publicado en línea en http:// www.rafaellopezrangel.com/nuevolibrolinea.htm.

[177] Mexican Folkways fue una publicación periódica bilingüe que difundía usos y costumbres de la cultura popular mexicana y jugó un papel importante en la revalorización del componente autóctono en la identidad nacional entre 1925 y 1937. La impulsora y editora de la revista fue Frances Toor, periodista de origen estadounidense, aunque paulatinamente se fueron sumando al proyecto una cantidad importante de artistas, periodistas, etnógrafos y arqueólogos. En 1926 Diego Rivera sustituyó al pintor Jean Charlot como director artístico. Para Frances Toor diseñó y construyó unos años después Juan O'Gorman unos apartamentos en la línea racionalista de su primera etapa.

Peter Stackpole, Diego Rivera pintando el mural *Unidad Panamericana*, San Francisco, 1940. Diego Rivera. Mural en el Instituto de Artes de San Francisco, 1931

mitad de los años 20 las críticas al estilo neocolonial se sumaban a las exhortaciones para hacer posible una nueva expresión de la arquitectura mexicana acorde con su tiempo y con las nuevas técnicas constructivas. En los textos citados Rivera interviene con decisión en el debate defendiendo con sus comentarios la postura implícita en la obra de Santacilia que puede caracterizarse como un estilo colonial depurado.

> Todo verdadero estilo arquitectónico es un acoplamiento de determinada estética a ciertas necesidades sociales y a las condiciones climatológicas y calidades del material de construcción, más abundante, fácil de trabajar y económico de obtener en el lugar que se produce el estilo. (…) utilizáronse como factores de belleza la economía de material y su máxima utilidad. En uno de los más logrados rincones de la casa jugaron con novedoso y armónico contraste, las ágiles tuberías y estáticos cilindros de los tinacos, los cubos y los paralelogramos, sencillos y puros de las habitaciones.[178]

---

[178] Con esta descripción se identifican perfectamente las casas estudio que O'Gorman hizo para él y Frida u otras obras suyas contemporáneas como la casa de Edmundo o la del mismo Juan. López Rangel, Rafael. *Diego Rivera y la arquitectura mexicana*. Secretaría de Educación Pública, México DF, 1986 p.10-11 Publicado en línea en http:// www.rafaellopezrangel.com/nuevolibrolinea.htm.

En el artículo del pintor puede observarse que las cualidades de la obra más cercanas al funcionalismo son las que despiertan en él un mayor interés. Las simplificaciones estilísticas son entendidas como un paso adelante en el desarrollo de un lenguaje que identifica a la vez como nuevo y continuación de una tradición eminentemente mexicana además de ofrecer respuesta clara a las cuestiones sociales de la época.

Dentro de las aproximaciones que hace Diego Rivera al mundo de la arquitectura, y coincidiendo con el período de construcción de sus casas estudio, la mirada del pintor se detiene para recrearse en el momento de la producción, de la materialización efectiva de la obra plástica como arte efímero con un valor intrínseco propio. Rivera se muestra fascinado por la belleza de los andamios.

> MI AMIGO EL ARQUITECTO (juntos contemplamos un andamio): Tienes razón, es hermoso. Y he bromeado diciendo a mis compañeros arquitectos que la belleza de sus edificios es más impactante cuando aún están cubiertos por los andamios. En cuanto se retiran, esa belleza desaparece.
> YO MISMO: Es por eso por lo que en mi próximo fresco pintaré un edificio con sus andamios, y sobre ellos pintores, escultores y arquitectos trabajando. Este estado de cosas durará tanto como el muro y la belleza del momento que precede a su retirada...[179]

Este texto nos invita a imaginar las casas estudio en construcción, rodeadas precisamente de andamios y fantasear con la posibilidad señalada por Rivera de hacer que las estructuras auxiliares temporales terminen formando parte esencial de la obra y configurando su imagen exterior. De hecho el interior del estudio en su casa se articula espacialmente con la presencia de la estructura que se destaca respecto de los cerramientos según una lógica estética similar a la que ordena los an-

---

[179] Rivera, Diego. *Andamios,* San Francisco, 1931 citado en Wolfe, Bertram D. *The fabulous life of Diego Rivera*. First Cooper Square Press Edition, Nueva York, 2000 (1ª ed.1939), p.295 En su libro sobre Diego y Frida Le Clézio cita este texto con un título diferente: *Myself, my Double, my friend the Architect*. Le Clézio, J.M.G. *Diego y Frida. Una gran historia de amor en tiempos de la revolución*. Ediciones Temas de Hoy, Madrid, 1994. (1ª ed. Editions Stock, Nueva York, 1993), p.107

damios. En estas manifestaciones de Rivera está implícita la posibilidad de sustituir la propia obra artística por el proceso que la genera como práctica artística en sí misma.

Esta fascinación por los andamios tiene materialización pictórica en el fresco pintado en el Instituto de Artes de San Francisco en 1931. Tal y como había anunciado Rivera representa la pintura de un mural. En el fresco el andamio se erige ante la pared en cuya superficie trabajan varios operarios. En el centro, sentado de espaldas al observador, Diego parece reflexionar sobre el trabajo en curso. En la mano derecha sostiene un pincel, en la izquierda una paleta. Toda la actividad en el mural gira en torno a él. Es necesaria una atenta mirada para distinguir los niveles de representación, discernir los artistas respecto de la obra sobre la que trabajan. En la base se sitúan los técnicos, directivos y financieros. En un nivel superior, en dos planos, se representa la producción industrial y la construcción. Todos colaboran para definir la figura de un gran obrero a punto de accionar una palanca que está "situada de tal manera que parezca parte de un mecanismo del edificio."[180] Al fondo una estructura metálica en construcción rivaliza con los pies derechos y las vigas del andamio. El momento de producción del mural queda congelado en el muro y las estructuras auxiliares para su confección son las que organizan la superficie de la pintura, las diferentes escenas en una jerarquía claramente definida.[181]

Diego Rivera volvería a intervenir en múltiples ocasiones en debates sobre temas relacionados con la arquitectura. El año 1945, asistido para las cuestiones técnicas por Juan O'Gorman, inicia la construcción de un edificio destinado a acoger su abundante colección de piezas arqueológicas y de arte prehispánico. Diseñado por el propio Rivera, el museo

---

[180] Rivera, Diego; March, Gladys. *My Art, my life. An Autobiography*. Dover Publications Inc. Nueva York 1991, p.n°108. (1ª ed. The Citadel Press. Nueva York 1960)
[181] Rivera cuenta que con el dinero ganado con los frescos pintados en California comenzó la obra de su casa, mientras pintaba los murales del Palacio Nacional en México. Según este dato la obra se iniciaría en el verano de 1931, antes de viajar a Nueva York para su exposición en el MoMA. Rivera, Diego; March, Gladys. *My Art, my life. An Autobiography*. Dover Publications Inc. Nueva York 1991, p.n°109. (1ª ed. The Citadel Press. Nueva York 1960)

Anahuacalli es una construcción masiva de muros de piedra volcánica con un estilo compuesto por una mezcla de rasgos de arquitectura Azteca y Maya y con una cubierta coronada por una gran pirámide truncada. Aunque algunos espacios interiores tienen una amplitud y luminosidad que lo relacionan vagamente con su estudio, se trata de una obra resuelta en clave prehispánica según mecanismos de la arquitectura académica y muy alejada de la modernidad arquitectónica de la obra racionalista de O'Gorman.

> Fue por el año 1944 cuando el maestro Rivera compró un extenso terreno anexo al pequeño pueblo de San Pablo Tepetlapa, cerca de la colonia Coapa, en la zona norte del Pedregal. En este sitio el maestro Rivera proyectó y construyó un edificio para conservar y mostrar su gran colección de piezas prehispánicas. Esta colección la reunió durante toda su vida, pagando a veces sumas exorbitantes para obtener piezas únicas y extremadamente valiosas. Algunas de ellas tienen su origen en la colección de Luna Arroyo, con quien Diego hacía cambios.
> Comenzó Rivera a levantar los muros de este museo, que lleva ahora el nombre de Anahuacalli, y me llamó para que le ayudara en la parte técnica de su construcción. Muchas veces cambió de idea tanto en la localización de los muros como en la forma de la arquitectura; pero hizo todo a su gusto, lo que según él era una expresión de arquitectura actual que tenía como base la prehispánica. Muros inclinados en las fachadas, grandes macizos sobresalientes y muchos elementos empleados arquitectónicamente en la construcción de este edificio eran formas que él extraía de su imaginación, pero tenían una relación directa con la arquitectura de Anáhuac antes de la Conquista. Ni creo que este tipo de arquitectura basada en la arqueología, que tiene como base la idea de un renacimiento del arte prehispánico, sea hoy factible por sus imposibles adaptaciones a las necesidades del presente. Mi trabajo fue, más que otra cosa, como supervisor e ingeniero.[182]

---

[182] O'Gorman, Juan. *Autobiografía*. Universidad Nacional Autónoma de México-Dirección General de Publicaciones/ Equilibrista. México DF 2007, p.n°149-150

Diego Rivera. Museo Anahuacalli, México DF, 1945-1957

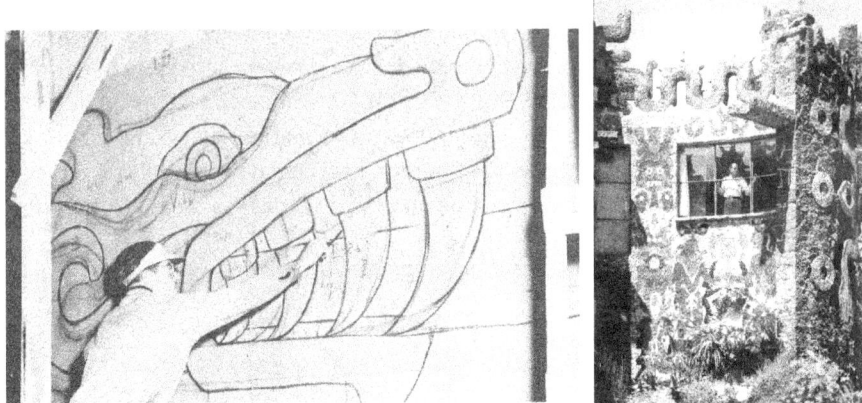

Juan O'Gorman dibujando el mosaico de la Biblioteca Central de la Ciudad Universitaria. UNAM), ca.1951 y en su casa de San Jerónimo

En esta obra se aplicó por primera vez la técnica de mosaicos formados con piedras de colores que O'Gorman utilizaría, entre otros edificios, en la fachada del depósito de libros de la Biblioteca Central de la UNAM y en los revestimientos de su casa en San Jerónimo. Esta técnica asegura la estabilidad de los colores ante el paso de los años, que no afecta en absoluto a la piedra natural:

> Cuando se hicieron las losas de concreto armado del Anahuacalli, a Rivera le preocupó enormemente que no se viera el concreto. Tampoco quería que estas losas quedaran por su lecho bajo con aplanados. Originalmente pensamos dejar las losas martelinadas o, bien, tal como salían de las cimbras; pero posteriormente se nos ocurrió un procedimiento diverso que tuvo una gran importancia y que yo he usado frecuentemente. Tal procedimiento fue el siguiente: sobre la cimbra de madera colocamos una capa de pedacería de piedra gris del Pedregal, de la que había en abundancia allí mismo en la obra. Y sobre esta cama de pedacería de piedra colocada sobre la cimbra de madera hicimos un pequeño colado de cemento y arena teniendo cuidado de que no fuera demasiado aguado, para que no pasara por debajo de la piedra y la ensuciara en su lado inferior. Fraguado este colado, ya podían los albañiles colocar las varillas necesarias de la estructura y hacer los colados usuales de las losas de concreto armado. Al quitar las cimbras de estas losas se lograba por la parte inferior (interior de los salones del Anahuacalli) un recubrimiento de mosaico de piedra gris del Pedregal. Un mosaico sin ningún dibujo. Posteriormente, Rivera demolió las losas para hacer otras de concreto que tuvieran mosaico con dibujos y empleando en este caso toda la pedacería, tanto del tabique como de caliche y de otros tipos de piedra que había en la obra. Así hicimos los primeros mosaicos en las losas de concreto. Después se consiguió pedacería de mármol blanco y de piedra negra que, con la piedra gris del Pedregal, servían de materiales de color natural para hacer los mosaicos de piedras de todas las losas de la planta baja.[183]

---

[183] O'Gorman, Juan. *Autobiografía*. Universidad Nacional Autónoma de México-Dirección General de Publicaciones/ Equilibrista. México DF 2007, p.n°150-151

Juan O'Gorman. Murales de la Biblioteca Central, México DF, 1949-1952

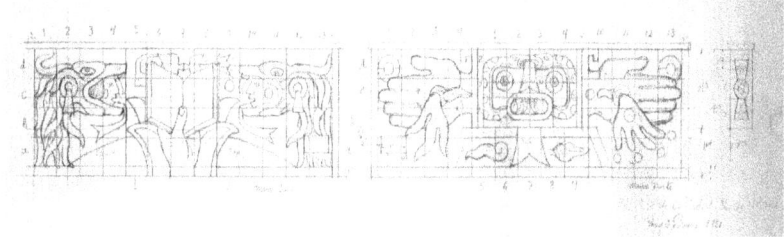

Juan O'Gorman. Estudios para los muros sur y norte *Representación Histórica de la Cultura*, de la Biblioteca Central, México DF, 1951

El museo Anahuacalli formaba parte de un proyecto más amplio de Diego Rivera que no llegó a construirse. La *Ciudad para las Artes* incluiría un taller artesanal, un teatro de corte experimental, salas de concierto y danza, espacios de exposición, museo de arquitectura... se trataba de un gran conjunto concebido para el fomento del arte popular. Al fallecer Diego Rivera en 1957 Juan O'Gorman se haría cargo de la conclusión de la obra del Anahuacalli. También asistió O'Gorman a Rivera en las cuestiones técnicas de las obras de adecuación en la conocida como *casa azul*, la casa familiar de Frida Kahlo en Coyoacán.

En estas obras se puede apreciar la voluntad de desarrollar una arquitectura marcadamente mexicana y libre de influencias extranjeras. Los valores de un lenguaje moderno, la tecnificación de la construcción y la abstracción formal, propios del triunfante estilo internacional, tienen en estas obras una materialización patente de valores opuestos: la exaltación de la cultura local que prolonga la tradición, la exhibición del trabajo artesanal y el empleo de un lenguaje marcadamente figurativo. Coinciden en el tiempo con construcciones similares por parte de Juan O'Gorman, especialmente su casa en San Jerónimo y la biblioteca de la Universidad Autónoma. En el caso de la biblioteca la volumetría racionalista de duras figuras prismáticas fue muy criticada por el propio O'Gorman, a pesar de ser uno de los autores del proyecto.

Juan O'Gorman y Diego Rivera mantienen una estrecha relación de amistad y complicidad, de estima mutua y colaboración profesional que dura varias décadas. El arquitecto que pinta y el pintor que hace arquitectura, el discípulo y el maestro. Todas estas aproximaciones componen la imagen de un Diego Rivera profundamente interesado por la arquitectura desde los años 20 y sitúan a O'Gorman como una especie de alter ego en quien apoyarse y en quien proyectarse en una relación simbiótica. Difícilmente se puede pensar en Rivera como un cliente alejado del proceso de desarrollo del proyecto en el momento de encargar su propia casa estudio. La amistad con un jovencísimo Juan O'Gorman invita a imaginar un intenso intercambio de sugerencias y referencias con el objetivo de generar una verdadera revolución en la arquitectura mexicana, la misma transformación profunda que ambos deseaban para todos los ámbitos de la cultura y la sociedad.

La formación del artista proletario

Diego Rivera regresó de la Unión Soviética en mayo de 1928 tras haber permanecido allí desde octubre de 1927. Como ya hemos adelantado, en octubre de 1929, mientras Juan O'Gorman preparaba el proyecto para la casa de su padre Cecil, se produjo un importante enfrentamiento en el seno de la Academia de San Carlos en el que puede verse un síntoma claro de las transformaciones que se estaban produciendo en la pintura mexicana y que se empezaban a fraguar en el ámbito de la arquitectura. En estos acontecimientos podemos identificar además algunas de las claves que ayudan a entender el surgimiento de las casas de Juan O'Gorman para Diego y Frida y junto a ellas el resto de su arquitectura racionalista.

Rivera fue nombrado director de la Escuela Central de Artes Plásticas, institución que por aquel entonces compartía edificio con la Facultad de Arquitectura, ambas pertenecientes a la Academia de San Carlos. Era costumbre que la elección del director se produjera por votación directa de los estudiantes y Rivera tenía un altísimo grado de popularidad a nivel nacional. El curso arrancó con la presentación por parte del nuevo director de un plan de estudios revolucionario que generó conflictos insalvables hasta el punto de desembocar en episodios de violencia física.[184]

Los estudios se planteaban en el nuevo plan con una extensión muy superior a la del anterior: un primer ciclo elemental de tres años era seguido por un ciclo superior de cinco años más un curso adicional para los alumnos que cursaran pintura y escultura monumental. Todo ello exigía una intensa dedicación que contemplaba durante los primeros años el

---

[184] Varios artículos periodísticos de la época recogen estas peleas, como *Un zafarrancho de estudiantes*, El Universal, 1 de abril de 1930. Digital archive and publications project at the Museum of Fine Arts, Houston. ICAA/MFAH, Registro ICAA 773061. Según Bertram Wolfe Diego respondió a las amenazas recibidas hacia el final del curso diciendo que estaba armado y preparado y empezó a llevar consigo dos pistolas incluso cuando subía al andamio para pintar. Wolfe, Bertram D. *The fabulous life of Diego Rivera*. First Cooper Square Press edition, Nueva York, 2000 (1ª ed.1939), p.259

trabajo de los estudiantes en fábricas por la mañana, talleres durante el día, cursos teóricos nocturnos y conferencias para los sábados y domingos.[185] Sin embargo la extensión de los estudios y el esfuerzo exigido no fue el principal problema, que radicaba básicamente en otras dos cuestiones que estaban relacionadas entre sí.

Por una parte el plan estaba dirigido de forma evidente a reforzar la participación de la clase obrera en el mundo de las artes plásticas. Diego Rivera argumentaba que el objetivo era facilitar el acceso "al mayor número posible de trabajadores al beneficio de las enseñanzas del arte para la mejoría material e intelectual de su vida."[186] Añade que la casi totalidad de pintores y escultores de talento de México proceden precisamente de las clases pobres y trabajadoras y que deben evitarse medidas que impliquen la exclusión de los alumnos sin recursos. La modificación del plan de estudios se enmarcaba dentro de la política de la universidad que por aquellos años comenzaba a funcionar con autonomía y avanzaba según una línea decididamente progresista. Sin embargo la carga ideológica del nuevo plan presentado por Rivera tenía un cariz más afín a los principios soviéticos de la dictadura del proletariado que al complejo y a menudo ambiguo escenario político del México posrevolucionario. Resulta inevitable ver en este plan la influencia de las teorías desarrolladas desde el *proletkult*, para la construcción de un nuevo arte genuinamente proletario desde las clases trabajadoras y del grupo de los *productivistas* con los que Rivera estuvo relacionado en Moscú. La sorprendente inclusión en el horario de formación de los alumnos de varias horas de trabajo por la mañana en una fábrica[187] da

---

[185] El biógrafo de Rivera titula el episodio del nuevo plan de estudios "Una escuela para hacer súper hombres". Wolfe, Bertram D. *The fabulous life of Diego Rivera*. First Cooper Square Press edition, Nueva York, 2000 (1ª ed.1939), p.253

[186] Rivera, Diego. *Rectificación y desmentido*, El Universal, 3 de abril de 1930. Digital archive and publications project at the Museum of Fine Arts, Houston. ICAA/MFAH, Registro ICAA 820682, p.3

[187] En sus memorias Juan O'Gorman relata que durante el primer curso de la carrera trabajaba tres horas por la mañana en la fábrica Eureka, donde se producían láminas, depósitos y tubos de fibrocemento. O'Gorman, Juan. *Autobiografía*. Universidad Nacional Autónoma de México-Dirección General de Publicaciones/ Equilibrista. México DF 2007, p.80

buena idea de la inclinación de la actividad creativa en el nuevo plan hacia el mundo de la producción industrial.

La segunda cuestión en disputa hizo que los opositores a esta apuesta ideológica encontraran en el colectivo de arquitectos y estudiantes de arquitectura un importante aliado. El propio Diego Rivera explica las implicaciones políticas de la división de la Academia de San Carlos en la Facultad de Arquitectura y la Escuela Central de Artes Plásticas.

> Es muy viejo en la antigua Academia de San Carlos el antagonismo entre los alumnos de Arquitectura y los de Pintura, debido a que los arquitectos provienen casi sin excepción de la burguesía, y los pintores, escultores y grabadores casi en su totalidad son obreros, campesinos o hijos de estos, que no vienen de la pequeña burguesía pobre; así pues, desde antes de mi llegada a la Dirección de la Escuela existía en esta un problema de clases.[188]

El perfil de artista plástico que se formaría con el plan modificado incluía capacidades y conocimientos de arquitectura que a los estudiantes y muchos profesores de la facultad les parecieron una intromisión excesiva. Los contenidos objeto de disputa se repartían entre varios cursos de la formación plástica:

> …los ejercicios de composición arquitectónica se realizaban hasta el quinto año de la carrera. En el primer año del ciclo superior se planteaban algunos ejercicios elementales al respecto:
> "Ciclo superior. Primer año. Estudio superior de la forma en el espacio. Ejercicios creativos de composición elemental arquitectónica, sujetos a programas precisos, resueltos enteramente por un arquitecto; se realizarán por medio de maquetas modeladas o ejecutadas con materias diversas. Este curso será dado por un profesor arquitecto."
> Con respecto a los conocimientos técnicos propiamente arquitectónicos, en el cuarto y el quinto años se daban, respectivamente: "un curso sobre

---

[188] Rivera, Diego. *Rectificación y desmentido*, El Universal, 3 de abril de 1930. Digital archive and publications project at the Museum of Fine Arts, Houston. ICAA/MFAH, Registro ICAA 820682, p.3

los conocimientos de materiales y estabilidad de las construcciones. Una hora diaria" y "Elementos de construcción. Una hora terciada". Y por cierto, en el sexto año, para los que llevaran la carrera de pintura y escultura monumental aparece "Segundo curso de construcción. Una hora diaria". Ahora, en lo referente a la conceptualización acerca de la arquitectura aparece en el cuarto año un curso de "Teoría de la Arquitectura". A lo largo de la carrera el plan contenía algunos cursos de matemáticas -que incluían Geometría Analítica y Cálculo, Geometría Descriptiva y Mecánica-, lo cual sí da un sesgo hacia la edificación.[189]

Aunque la intención de Diego Rivera era dar una mayor capacitación a los artistas para la pintura y la escultura con algunos conocimientos de arquitectura, la enseñanza abría la puerta para que algunos de los productores plásticos se interesaran por afrontar proyectos de arquitectura con programas sencillos. Este constituyó el principal motivo de rechazo por parte de los arquitectos, a los que se unieron los representantes más conservadores de la enseñanza de la pintura. Entre los apoyos que recibió Diego Rivera su biógrafo señala el de los jóvenes arquitectos que defendían el funcionalismo y destaca únicamente y de forma expresa a Juan O'Gorman entre ellos.[190]

Los numerosos ataques y denuncias recibidos terminaron con la dimisión por parte de Diego Rivera. El sucesor en el cargo fue Vicente Lombardo Toledano, un político afín al compromiso comunista de Rivera, que anunció en su discurso de investidura que se implantaría el revolucionario plan de estudios, aunque esto nunca llegó a suceder.[191]

---

[189] Rafael López Rangel ofrece en su libro un amplio análisis sobre los contenidos propios de la carrera de arquitectura incluidos en el plan de estudios de los artistas plásticos. López Rangel, Rafael. *Diego Rivera y la arquitectura mexicana*. Secretaría de Educación Pública, México DF, 1986 p.22 Publicado en línea en http:// www.rafaellopezrangel.com/nuevolibrolinea.htm.
[190] Durante este conflictivo curso O'Gorman debió desarrollar el proyecto de la casa para su padre e inició las obras de su construcción.
[191] Wolfe, Bertram D. *The fabulous life of Diego Rivera*. First Cooper Square Press edition, Nueva York, 2000 (1ª ed.1939), p.260

Autor desconocido. Diego Rivera y Frida Kahlo. Manifestantes de la Bauhaus protestan por la destitución de Hannes Meyer

Juan O'Gorman. *Tipo de Casa de Habitación Económica*, ca.1929 y *Anteproyecto. Habitaciones Obreras*, ca.1929

Este importante episodio dentro de la formación de artistas coincide con el período en el que Hannes Meyer se hizo cargo de la dirección de la Bauhaus. Meyer, que anteriormente dirigía el departamento de arquitectura, introduce en la gestión de la escuela un giro que tiene puntos de coincidencia relevantes en relación con las transformaciones propuestas en México por Rivera. En primer lugar la Bauhaus refuerza las relaciones con el mundo productivo industrial a través de colaboraciones directas y mediante el desarrollo de patentes. En segundo lugar, no solo permite actividades abiertamente comunistas, como ya había hecho Walter Gropius, sino que las fomenta abiertamente. Ambas coincidencias proceden de concepciones similares del papel de la institución como agente de la revolución proletaria. La diferencia principal tiene que ver con el hecho de que Diego Rivera es pintor y dirige solo la escuela de artes plásticas, no la de arquitectura; además el pintor mexicano se enfrenta principalmente a la inercia conservadora y académica de la propia institución. Meyer, en cambio, tiene como adversarios a políticos locales y profesores de vanguardia de la propia Bauhaus, a los que se opone por el componente artístico e individual de sus enseñanzas frente a su nueva concepción en favor de una producción plástica colectiva y materialista.

Tanto en la ciudad de México como en Dessau la lucha concluye con el cambio de director. Rivera deja de ser director de la escuela en mayo de 1930. Hannes Meyer es destituido en julio de ese mismo año. En ambos casos se escenifican, en un corto período de tiempo y circunscritos a la limitada realidad de una escuela, debates parecidos a los que se producen entre los artistas soviéticos de vanguardia y se prolongan desde la revolución de octubre de 1917 hasta la disolución de las agrupaciones literarias y artísticas en 1932. En México, el cese de Diego Rivera como director termina con su aspiración de "ensayar y construir una escuela de artes plásticas que corresponda a las necesidades profesionales y sociales de los trabajadores del arte en México y de los obreros en general."[192]

---

[192] Rivera, Diego. *Lo que dice Diego Rivera*, parte del artículo *El lío entre pintores y arquitectos*, El Universal, 3 de abril de 1930. Digital archive and publications project at the Museum of Fine Arts, Houston. ICAA/MFAH, Registro ICAA 820682, p.3

Irrumpe O'Gorman

La urgente necesidad existente en México de edificios en el entorno urbano desde 1925 favoreció que el funcionalismo fuese aceptado por su capacidad para resolver los problemas de manera mucho más rápida y eficaz que cualquiera de los estilos utilizados anteriormente. El surgimiento de la *arquitectura técnica*, como O'Gorman la denomina, tiene relación con la "maduración de los planteamientos expresado por algunos arquitectos desde el siglo pasado en favor de una mayor sinceridad expresiva en la construcción."[193] El año 1929, en el que O'Gorman lidera el apoyo por parte de los arquitectos jóvenes al cambio de plan de estudios propuesto por Rivera en la Escuela de Artes Plásticas, es el primero en el que se pueden documentar proyectos de arquitectura según los principios del funcionalismo radical que caracterizó su obra de la década de los 30.

Entre estos proyectos está una propuesta de *casa tipo para obreros* en México DF, desarrollada en un volumen prismático puro con un espacio de estar a doble altura sobre el que se abren los dormitorios, tres en planta primera y uno más en planta baja. Todos estos espacios comparten un gran ventanal en su fachada principal. Tan solo el baño y la cocina, situados bajo los dormitorios de planta primera, tienen hueco propio en la fachada posterior, la cocina con puerta, en una solución que supone una reinterpretación moderna de la vivienda popular con un solo espacio para todas las actividades familiares. La vivienda aún no incorpora los estándares modernos de higiene con iluminación y ventilación directa para cada estancia pero en este proyecto se aprecian ya algunos de los principales rasgos de la arquitectura racionalista de O'Gorman: el uso de la estructura vista como articulación de espacios y volúmenes puros, la combinación de colores intensos y variados y la novedosa exhibición de las instalaciones y equipamiento de las viviendas en fachadas y cubierta. La agrupación de estas viviendas en paquetes de cuatro formando hileras prevé espacios exteriores intermedios techados, presumiblemente para actividades productivas, como sucede con el *jardín de sombra* de las viviendas del proyecto *Transición* de 1932.

---

[193] Anda Alanís, Enrique X. de. *Historia de la arquitectura mexicana*. Gustavo Gili. Barcelona, 1995 p.182

Durante ese año de 1929 O'Gorman ensayó distintas soluciones para una *casa tipo económica.* De estos estudios se conservan dos perspectivas exteriores idénticas, una de ellas con color, y planos de una versión algo diferente con las plantas y alzados y un detalle de las alturas en sección. A partir de estos estudios se fijaría la versión definitiva de la vivienda que construyó y decidió entregar a su padre –con el mismo rojo intenso que se aprecia en la perspectiva en color- sin duda como ensayo antes de hacer las casas estudio para Diego Rivera.

Las plantas muestran una vivienda resuelta dentro de un volumen prismático en el que una banda transversal agrupa la escalera enfrentada con la cocina en planta baja y el cuarto de baño en planta primera. A ambos lados desiguales en planta baja se sitúan la sala común y comedor y espacios exteriores techados para servicio y taller o garaje. En planta primera a cada lado se sitúan dos dormitorios (recámaras) de dimensiones diferentes. Una pequeña terraza vuela desde una de las habitaciones como prolongación del techo del garaje.

Las perspectivas permiten ver una modificación que constituirá la señal de identidad de la versión construida finalmente: los dormitorios situados sobre el espacio de taller-garaje son sustituidos por un espacio abierto techado, antecesor del estudio de la casa de Cecil. Sin embargo esta vivienda no cuenta aún con su característica envolvente de vidrio plegable en el estudio y la escalera helicoidal exterior discurre en paralelo al volumen construido, no en perpendicular como en la versión final.

En la perspectiva del frente de la casa de Cecil se muestra en la zona bajo el estudio acristalado un friso de color diferente al del resto del muro. En el interior de la casa de Frida y en el exterior del anteproyecto de vivienda obrera se pinta un friso similar. Este detalle, asociado tradicionalmente a la arquitectura popular, llama la atención en una apuesta tan marcadamente moderna. Puede interpretarse como reminiscencia de prácticas anteriores, como una señal de identificación con valores populares incorporados en el nuevo lenguaje arquitectónico o incluso como decisión racional que protege la parte del muro más expuesta al deterioro. La perspectiva coloreada muestra cómo *el rojo indio* aplicado en las fachadas cubriría igualmente todos los elementos exentos de la estructura de la terraza: pilares, vigas y losa. En la casa de Cecil estos elementos estructurales quedan con el color del hormigón visto e inclu-

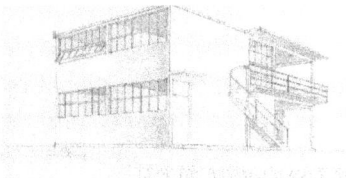 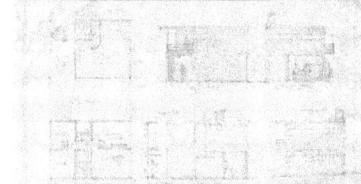

Juan O'Gorman. *Tipo de Casa de Habitación Económica*, ca.1929

J. O'Gorman. Vivienda de Cecil O'Gorman, perspectiva y fotografía de la fachada posterior, México DF, 1929-1931

Frida Kahlo. Paisaje urbano, México DF ca.1935. Manuel Álvarez Bravo. Desde la azotea, México DF, 1941. Juan Legarreta. Vivienda económica para obreros, México DF, 1934

so se manifiesta en la fachada posterior –no en la lateral- la presencia del entramado resistente embebido en el muro. Esta cuestión de la manifestación de los elementos estructurales estará presente en bastantes proyectos racionalistas de O'Gorman con soluciones diferentes que progresivamente van decantándose por una radical simplicidad.

Con estos proyectos O'Gorman prepara la revolucionaria presentación de la nueva arquitectura en dos pasos, primero en la construcción de la casa de Cecil y seguidamente, y con un impacto publicitario mucho mayor, en las casas de Diego y Frida. Posteriormente el entendimiento de la arquitectura como *técnica al servicio de la satisfacción de necesidades materiales* tiene su primer episodio de defensa teórica en las conferencias presentadas ante la Sociedad de Arquitectos Mexicanos en 1933. En ellas Juan O'Gorman recuerda la situación de emergencia generalizada en la que se encuentra una parte importante de la población mexicana:

> Todos estos son problemas de saneamiento del albergue para lograr que una mayor parte de población tenga condiciones más higiénicas y más saludables en los edificios que ocupa y que habita. En todos estos casos no cabe la idea de hacer con estos edificios obras de arte, ni abstractas, ni realistas, ni de ninguna clase, pues el hecho de resolverlas como problemas de ingeniería es lo que hace más factible la solución del problema y esto implica una mayor eficacia en la solución. La mayor cantidad de metros cuadrados de construcción económica, en el sentido más completo de la palabra, es lo que precisamente se necesita para satisfacer, en forma más extensa, la necesidad social de la mayor cantidad posible de personas afectadas. Por ejemplo, respecto al problema de la escuela primaria en México, en el que sabemos existe un 50% de escuelas-tugurios, inmundos sitios donde se tuberculizan un buen porcentaje de estos niños, ¿qué hace el arquitecto frente a esta situación? ¿Obras de arte o ingeniería de edificios?
> Indiscutiblemente que el deber primordial del arquitecto frente a esta situación es el de no gastar ni un céntimo que no sea indispensable y útil. No se trata en este caso de un problema de arte ni nada que se le parezca. Se trata de un problema técnico, de funcionalismo estricto, de funcionalismo mecánico, de un problema de emergencia, de un problema de economía y al fin de cuentas de un problema de ingeniería de edificios y no

Juan Legarreta. Viviendas obreras mínimas, México DF, ca.1934. Juan O'Gorman. Plano de casa para Juan O'Gorman en calle Corregidora, México DF

de expresiones de la imaginación humana. Este es el mismo caso con el problema de hospitales y de casas-habitación para las multitudes.[194]

Al lado de O'Gorman se presentan Álvaro Aburto y Juan Legarreta, comprometidos en la defensa del mismo cambio de paradigma. Los tres exponen su conferencia en términos muy similares y defienden una arquitectura que responda a las necesidades sociales de la época y refleje los valores forjados en el período posrevolucionario. Álvaro Aburto no destacaría por su obra construida pero Juan Legarreta tendría tiempo, antes de su prematuro fallecimiento, de establecer una referencia fundamental para la solución de la vivienda social en México. En 1933 ganó un concurso, en el que participó también O'Gorman, con un proyecto en la línea radical que ambos defendían. Este proyecto se construiría con variantes en tres conjuntos habitacionales para trabajadores con pocos recursos, en los que Legarreta incorporó a su proyecto soluciones propuestas por otros arquitectos con su consentimiento. Estos conjuntos constituyeron un hito de radicalidad racionalista, equivalente en el entorno de la vivienda mínima a las *escuelas del millón* construidas por O'Gorman desde la Secretaría

---

[194] O'Gorman, Juan. *Conferencia en la Sociedad de Arquitectos Mexicanos*, 1933, en Rodríguez Prampolini, Ida. *La palabra de Juan O'Gorman*. Universidad Nacional Autónoma de México-Dirección General de Publicaciones. México DF 1983, p.n°123.

de Educación Pública. Juan Legarreta falleció joven, en 1934, antes de que se publicaran las conferencias de la Sociedad de Arquitectos Mexicanos. O'Gorman señalaba las cualidades sociales de su obra:

> La arquitectura de las casas de Balbuena espantará seguramente a los académicos, a los clericales, a los propietarios de vecindades, y a todos aquellos que ven en la arquitectura uno de los medios de explotar a las clases trabajadoras, únicos productores de riqueza y del bienestar.
>
> Más que por la perfección técnica o las soluciones discutibles, es importante la obra de Legarreta por su contenido revolucionario y progresista, donde la arquitectura se hace para servir a los hombres y no para obtener objetos dizque artísticos "decorativos" o "plásticos" que cubren como una máscara; desvirtuando la forma verdadera del objeto útil (...)[195]

La construcción de las casas de Diego Rivera y Frida Kahlo supusieron para Juan O'Gorman un aldabonazo en su carrera como arquitecto. Los pintores eran una pareja famosa y Diego tenía infinidad de contactos tanto en el mundo del arte y la cultura como en el de la política. A raíz de una visita a las casas, Narciso Bassols, que era entonces secretario de educación pública, invitó a Juan O'Gorman a trabajar en el Departamento de Edificios de la secretaría. Su papel sería plantear una nueva forma de afrontar las necesidades de las edificaciones destinadas a la enseñanza y para ello aplicaría los principios del racionalismo ya ensayado. Que no se desperdicie un rayo de luz ni un peso del presupuesto será la consigna a aplicar para las construcciones, que O'Gorman no considera obras de arquitectura sino de ingeniería.

O'Gorman recurre a materiales económicos que no se habían utilizado antes (suelos de asfalto, barandales de tubos de fontanería, huecos de ventilación con tuberías de saneamiento...) y aplica un principio de modulación general y de estudio objetivo de las necesidades de iluminación y ventilación. El resultado fue verdaderamente asombroso, consiguiendo cubrir con el presupuesto que anteriormente se destinaba a una sola escuela un número importante de escuelas nuevas, ampliaciones y mejoras.

---

[195] Juan O'Gorman, sobre las casas de Balbuena y la obra de Juan Legarreta al fallecimiento de éste en 1934. http://icaronycteris.tumblr.com/page/52

Radicalidad en la escuela

El planteamiento materialista y científico desplegado por Juan O'Gorman y Legarreta en sus primeras obras fue el mismo que orientó la redacción del plan de estudios de la Escuela Superior de Constructores (ESC). Fundada en 1932 dentro de las Escuelas de Altos Estudios, supone una alternativa popular para la preparación de profesionales frente a la elitista formación universitaria. La institución surge de la sucesiva transformación de la Escuela Nacional de Maestros Constructores (1922) y su sucesora la Escuela Técnica de Constructores (1927). Su origen ayuda a entender el carácter popular de la orientación docente dirigida a las capas trabajadoras, orientación que a su vez formaba parte de una política global posrevolucionaria, un compromiso entre las medidas de mejora social de corte ideológicamente progresista y un sistema económico de libre mercado.

Para la redacción del plan de estudios de la ESC se crea a finales de 1931 una "Comisión Redactora del Programa de Reorganización de la Escuela de Constructores"[196] formada por los ingenieros Luis Enrique Erro, Carlos Vallejo Márquez, José Antonio Cuevas,[197] José Gómez Tagle y como arquitecto Juan O'Gorman. El 5 de enero de 1932 la comisión hace entrega no solo del plan de estudios de la mencionada escuela sino también una propuesta integral que abarca las diferentes ramas de la enseñanza técnica en general agrupadas en una Escuela Politécnica. Para ello se comienza por definir la idea de *enseñanza técnica* que el gobierno quiere impulsar: "(…) aquella que tiene por objeto adiestrar al hombre en el manejo inteligente de los recursos teóricos y materiales que ha acumulado, para transformar el medio físico y adaptarlo a sus necesidades."[198] La enseñanza técnica se presenta como alternativa a la enseñanza univer-

---

[196] La casa para Cecil O'Gorman se ha concluido ese año y están en marcha entonces las obras de las casas de Diego y Frida.
[197] El ingeniero José Antonio Cuevas fue profesor de O'Gorman durante la carrera. Para los ingenieros Vallejo y Erro construiría Juan O'Gorman hacia 1933 sendas casas funcionalistas en parcelas contiguas valladas con cactus. La de Erro incorporaba un observatorio astronómico conectado con la vivienda por un puente.
[198] López Rangel, Rafael. *Orígenes de la arquitectura técnica en México 1920-1933. La Escuela Superior de Construcción*. Universidad Autónoma Metropolitana-Xochimilco, México DF, 1984 p.66

sitaria, aunque en una categoría no inferior a diferencia de lo que venía sucediendo hasta 1931. En esta diferenciación tiene sus raíces la escisión existente durante décadas en México entre la enseñanza universitaria y la enseñanza politécnica. Por otra parte la Secretaría admite de manera explícita que su planteamiento respecto a la función del técnico lo sitúa en una posición dentro de los procesos productivos, económicos y laborales que condensa las contradicciones de un sistema de estructura capitalista con las aspiraciones de un gobierno de inspiración socialista.

> (…) el técnico queda colocado en una difícil posición entre el capital y el trabajo, pues el patrón considera al técnico con ese criterio social como un enemigo de sus intereses y los trabajadores como un esquirol colocado en lugares estratégicos para hacer aumentar el rendimiento del trabajo en perjuicio de los propios trabajadores: el resultado dentro de la situación legal es que los técnicos son considerados como empleados de confianza y consecuentemente privados de las garantías a que tienen derecho los demás trabajadores.[199]

En la ESC se dispuso una oferta formativa de nivel superior según tres perfiles diferentes, dos de tres años de duración para *Constructor Técnico* y *Proyectista Técnico* y otro de cuatro años para *Ingeniero Constructor*. El plan de estudios de la Escuela Politécnica Nacional fue aprobado el 17 de marzo de 1932,[200] poco antes de que se terminara la obra de las casas estudio de Diego y Frida. Con él se vertebró la formación técnica superior no universitaria en una línea que se ha prolongado hasta nuestros días y que durante décadas mantuvo una distancia importante respecto a la formación universitaria. En el caso de la arquitectura esta distancia está representada nítidamente por las diferencias entre la Facultad de Arquitectura de la Universidad Autónoma y la Escuela Superior de Ingeniería Arquitectura (ESIA) del Instituto Politécnico Nacional (IPN) fundado en 1937. Ambas instituciones comparten, a pesar de ello, una orientación de servicio marcadamente social.

---

[199] Boletín SEP, 1932 citado en López Rangel, Rafael. *Orígenes de la arquitectura técnica en México 1920-1933. La Escuela Superior de Construcción*. Universidad Autónoma Metropolitana-Xochimilco, México DF, 1984 p.73

[200] Illán Gómez, Raúl R. *Juan O'Gorman en el Instituto Politécnico Nacional,* Esencia y Espacio, octubre-diciembre, México DF, 2005, p.41

Juan O'Gorman. Escuela Técnica en Tres Guerras y Tolsá, México DF, ca.1933

Juan O'Gorman. Perspectiva de la Escuela Técnica en Tres Guerras y Tolsá, México DF, 1933. Juan O'Gorman en la Escuela Técnica en Tres Guerras y Tolsá, México DF, ca.1933

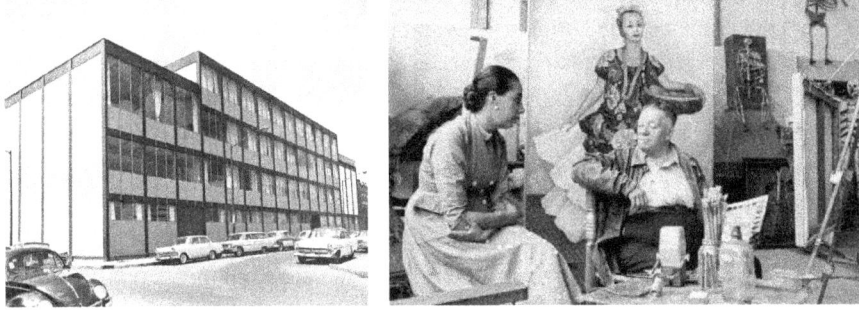

Ruth Rivera y Alejandro Gaytán. Escuela de Pintura y Escultura "La Esmeralda", México DF, 1963. Autor desconocido. Ruth Rivera Marín y su padre Diego Rivera en su estudio de San Ángel, México DF

Formaron parte del primer plantel de profesores los arquitectos Juan O'Gorman, Juan Legarreta y Álvaro Aburto y los ingenieros José Gómez Tagle, que fue el primer director de la escuela, José Antonio Cuevas y Luis Enrique Erro. En 1936 se modificó el nombre de la carrera de Ingeniero Constructor por el de Ingeniero Arquitecto y la Escuela Politécnica Nacional pasa a ser el actual Instituto Politécnico Nacional. Juan O'Gorman impartió clases de Teoría de la Arquitectura desde 1932 hasta 1950. Ruth Rivera Marín, hija de Diego y de Guadalupe Marín, sería la primera mujer en ingresar en la Escuela Superior de Ingeniería y Arquitectura del IPN y en 1950 fue la primera en titularse de esta carrera. En la misma escuela impartiría durante años clases de las asignaturas de Teoría de la Arquitectura, Composición Arquitectónica, Taller de Planificación y Urbanismo y Teoría del Urbanismo. Ruth colaboró junto con su padre y Juan O'Gorman en la construcción del Anahuacalli y desarrolló una carrera profesional de intensa actividad con especial dedicación a la difusión y protección del patrimonio artístico de México. Escribió varios libros como *Meditaciones ante una crisis formal de la arquitectura*, *Treinta años de funcionalismo en la ESIA*, *Urbanismo y planificación en México*, *Anahuacalli* y *Arquitectura viva japonesa.* Fue la impulsora de la publicación de los *Cuadernos de Arquitectura y Conservación del Patrimonio Artístico* del INBA.

La creación de esta línea de formación para arquitectos funcionalistas despertó un gran recelo en la Universidad Nacional y el director de la Escuela de Arquitectura intervino personalmente. Así lo cuenta O'Gorman:

> (…) el director de la Escuela de Arquitectura me llamó para interrogarme acerca de lo que se trataba de hacer con la nueva escuela. Le expliqué detalladamente al director las finalidades que se proyectaban con dicha escuela. Este caballero me conminó a renunciar al proyecto porque a los arquitectos les parecía una herejía terrible. En aquella época, los arquitectos y los ingenieros se disputaban como perros y gatos el trabajo de construir edificios, y el proyecto de una nueva escuela de arquitectura en la que se enseñara tanto la ingeniería como las materias de composición de arquitectura en forma funcional (en la que no intervenía la enseñanza artística) les pareció a los arquitectos académicos un atentado espantoso y horrible. En una junta de Consejo de la Universidad me excomulgaron, por decirlo así, y un profesor de arquitectura, académico muy venerable, propuso que se me negara el título de arquitecto si persistía en esa forma de actuación,

alegando que mi actitud era contraria a los intereses de los arquitectos de México y de la Universidad. Y debo hacer constar que por más que le expliqué a dicho venerable señor cuáles eran las bondades para México del plan de estudios de la nueva escuela, no las aceptó. En rigor, durante algunos años, estuve excomulgado del gremio de arquitectos.[201]

La extendida actitud de rechazo por parte de la comunidad de arquitectos hacia las posturas de los jóvenes radicales motivó que la Sociedad Mexicana de Arquitectos convocase en 1933 un ciclo de conferencias con la finalidad de encauzar el debate con los arquitectos funcionalistas. Ante una situación de inquietud y desconcierto, en la que "aún no se definen los valores que deban servir de meta, y esencialmente en el campo de la arquitectura reina actualmente profunda desorientación." La Sociedad de Arquitectos Mexicanos ante el panorama de cambio de paradigma que supone la llegada de la modernidad se muestra "deseosa también de unificar la ideología de los arquitectos para lograr un movimiento constructivo acorde con los más depurados postulados científicos, económicos y artísticos". Se pidió a los once ponentes invitados que respondieran a una serie de preguntas que formaban parte de las principales inquietudes del momento:

¿Qué es Arquitectura?

¿Qué es Funcionalismo?

¿Puede considerarse el Funcionalismo como una etapa definitiva de la arquitectura, o como el principio embrionario de todo devenir arquitectónico?

¿Debe considerarse el arquitecto como un simple técnico de la construcción, o como un impulsor, además, de la cultura general de un pueblo?

¿La belleza arquitectónica, resulta necesariamente de la solución funcional, o exige, además de la actuación consciente de la voluntad creadora del arquitecto?

¿Cuál debe ser la orientación arquitectónica actual de México?

Como ya hemos mencionado tres de los ponentes defendieron de forma decididamente comprometida un apoyo incondicional hacia una arqui-

---

[201] O'Gorman, Juan. *Autobiografía*. Universidad Nacional Autónoma de México-Dirección General de Publicaciones/ Equilibrista. México DF 2007, p.n°117

tectura totalmente renovada, racionalista y científica para responder a las múltiples y graves necesidades de la sociedad. Álvaro Aburto[202] y especialmente Juan Legarreta y Juan O'Gorman, los tres profesores de la recientemente creada Escuela Superior de Construcción, son los que optaron por renunciar en sus discursos por entero a las cuestiones estéticas, sin considerarlas ni siquiera como efecto de la racionalización del planteamiento programático y de los sistemas constructivos empleados. Juan Legarreta no entregó la síntesis solicitada de su ponencia por escrito y en su lugar remitió una hoja manuscrita en la que consigna en muy pocas palabras su radical postura, una formulación eminentemente revolucionaria: "Un pueblo que vive en jacales y cuartos redondos, no puede HABLAR arquitectura. Haremos las casas del pueblo. Estetas y Retóricos –ojalá mueran todos- serán después sus disensiones."[203]

La conferencia de Juan O'Gorman de 1933 marca la línea que desarrollaría durante años como profesor de teoría de la arquitectura de la ESIA. En su ponencia O'Gorman niega la estética como medio para resolver problemas y como finalidad última de la obra de arquitectura. No rechaza la posibilidad de que surja como una consecuencia de los procesos utilizados, pero son las condiciones económicas y sociales las que deben prevalecer en la solución de las necesidades materiales. El máximo de eficiencia por el mínimo esfuerzo es el único criterio que debe tomarse en consideración.

> Las necesidades que pueden ser precisadas y medidas por la ciencia y la arquitectura que resuelve estas necesidades materiales por medio de sus procedimientos científicos, por los medios más adecuados en cada caso, con los materiales y estructuras hechas para este fin, es la única y verdadera arquitectura técnica, la arquitectura científica, como ustedes le quieran llamar, que no tiene nada que ver con la moda o el modernismo, que esté tan alejada de estos equívocos conceptos como pueden estarlo de lejos el aeroplano o la locomotora. Noble arquitectura técnica, arqui-

---

[202] Álvaro Aburto no dejó obra construida tan emblemática como la de Legarreta ni tan amplia e influyente como la de O'Gorman, aunque participó de forma importante en la construcción y defensa del discurso de los jóvenes arquitectos funcionalistas.
[203] VVAA. *Pláticas sobre Arquitectura* (1933). Dirección de Arquitectura y Conservación del Patrimonio Artístico Inmueble. CONACULTA-INBA. México DF 2001, p.3

Juan Legarreta. Conjunto de viviendas económicas obreras, México DF, ca.1934

tectura que es la verdadera expresión de la vida y que es también la manifestación de los medios científicos del hombre actual.[204]

La arquitectura técnica se presenta como una solución ante las arbitrariedades artísticas que obscurecen el único objetivo que para los jóvenes arquitectos socialistas merece verdaderamente la pena. En el discurso de Juan O'Gorman el arte puede ser un parásito que vive de la técnica y le resta capacidad productiva y eficiencia. La economía por lo tanto se convierte en un valor objetivo fundamental para la resolución de los problemas planteados al arquitecto. Las valoraciones de O'Gorman se sitúan en el campo de la moral desde una postura claramente política:

> La diferencia entre un arquitecto técnico y un arquitecto académico o artístico, será perfectamente clara. El técnico, útil a la mayoría y el académico útil a la minoría. El primero para servir a la mayoría de individuos necesitados que solo tienen necesidades materiales y a quienes las necesidades espirituales no han llegado. El segundo para servir a una minoría de personas que gozan del usufructo de la tierra y de la industria. La arquitectura que sirve al hombre o la arquitectura que sirve al dinero.[205]

---

[204] VVAA. *Pláticas sobre Arquitectura* (1933). Dirección de Arquitectura y Conservación del Patrimonio Artístico Inmueble. CONACULTA-INBA. México DF 2001, p.25
[205] VVAA. *Pláticas sobre Arquitectura* (1933). Dirección de Arquitectura y Conservación del Patrimonio Artístico Inmueble. CONACULTA-INBA. México DF 2001, p.29

Juan O'Gorman es pintor y arquitecto pero durante años proyecta y construye como ingeniero. La única intervención artística que admite en sus construcciones racionalistas es la utilización de sus muros como soporte para frescos que den un mayor alcance a su compromiso social. En las escuelas primarias, construidas según proyectos suyos siendo director del Departamento de Construcción de la Secretaría de Educación, invitó a un grupo importante de muralistas para que "decoraran" sus muros con frescos con absoluta libertad, bajo la condición de que aceptaran trabajar con honorarios muy limitados, acordes a los exiguos presupuestos de las obras.

Las fachadas de las casas estudio para Diego Rivera y Frida Kahlo se pintan con colores planos, utilizando la técnica del fresco. Esto permitió una mejor conservación bajo el duro sol mexicano y supuso que incluso los recursos técnicos propios del arte se pusieran al servicio de la construcción racional para hacerla más duradera, más eficiente. Los planteamientos racionalistas de O'Gorman se ajustan, en su discurso, al desarrollo anónimo de una formulación objetiva y sin embargo, en una de las últimas intervenciones ha podido descubrirse en la parte alta de la fachada sur de la casa de Diego la firma manuscrita del arquitecto. Dejó constancia de su autoría, como si la construcción fuera uno más de sus lienzos. Se diría que la complejidad y grandeza de esta obra no deja de manifestarse, incluso a través de hermosas contradicciones.

Vidas singulares

En la construcción de las casas de O'Gorman para Frida y Diego convergen tres grandes artistas, tres personalidades únicas, cada uno con una producción artística inseparable de su trayectoria vital. Los tres aportan, desde las circunstancias concretas del lugar y el período histórico que vivieron, una valiosísima obra que trasciende sus límites temporales y locales. Para los tres la actividad artística se entiende como una vía de compromiso social, una posibilidad de impulsar la transformación política de acuerdo con sus ideales revolucionarios. Sin su participación directa, sin este formidable encuentro y todos sus an-

Diego Rivera, Juan O'Gorman y Frida Kahlo. Protesta contra la intervención estadounidense en Guatemala, México DF, 1954.

Autor desconocido. Guillermo Kahlo. Casas estudio de Diego Rivera y Frida Kahlo de Juan O'Gorman, 1932

tecedentes, difícilmente puede entenderse la cristalización espontánea de una arquitectura tan extraordinaria. [206]

La amistad de Juan O'Gorman con Diego Rivera y Frida Kahlo se extendería durante toda su vida. La casa de Juan, construida por él mismo en aquella época y con los mismos principios racionalistas, estaba cerca de la del matrimonio, lo que facilitaba que se vieran con bastante frecuencia. Sabemos que Juan y Diego sostenían larguísimas conversaciones sobre los temas más variados, entre ellos había una especial complicidad que les llevaba a debatir y fabular a partes iguales. Por las casas de Diego y Frida pasaron los personajes más relevantes de la vida cultural y política de la época, algunos como huéspedes. Figuras tan influyentes como André Bréton con su esposa Jacqueline Lamba, Nelson Rockefeller, Leon Trotsky, Lázaro Cárdenas, Narciso Bassols, Pablo Neruda, Carlos Pellicer, John Dos Passos, Sergei Eisenstein, Manuel Álvarez Bravo,

---

[206] Enrique Yáñez se refiere con los siguientes términos a la construcción de la casa: "No encuentro la palabra pero, literalmente esa casa entonces apareció. Se hablaba de ella, del arquitecto que la había proyectado..." Xavier Guzmán Urbiola. *Juan O'Gorman. Sus primeras casas funcionales.* Conaculta-INBA. México DF 2007 p.25

Henry Moore, Dolores Olmedo, María Félix, Paulette Godard, Dolores del Río, Silvia Pinal…y muchísimos más. Las casas, diseñadas como centro de producción plástica, fueron durante años además un importante foco para el debate artístico, las relaciones sociales y las influencias políticas.

Mientras tanto la pareja vivió períodos de separación y reencuentro, un divorcio y un nuevo matrimonio. Todo esto con un fondo ininterrumpido de dolor y continuo deterioro físico para la pintora. Desde 1939 Frida ya no habitó estas casas, aunque Diego siguió utilizando su estudio para trabajar. En 1953 Frida expresaba su deseo de no sobrevivir a Diego: "… ojalá nunca nos pase ya nada y ojalá nunca le pase a Diego nada, porque el día que Diego muera yo me voy con él, le pese a quien le pese. Nos entierran a los dos." Pero no fue así. Frida falleció en 1954. Su muerte dejó absolutamente desolados tanto a Diego como a Juan O'Gorman. El pintor moriría tan solo 3 años después.

Nos quedan hoy esas fotografías del 2 de julio de 1954, en las que los vemos participando en las protestas políticas por la intervención estadounidense en Guatemala, las últimas en las que podemos ver a Frida con vida. Ocupando el centro de la imagen, aparece sentada, en una silla de ruedas. En su mano izquierda alza una pancarta en la que una paloma muestra el lema "Por la paz". Su mano derecha, cerrada con firmeza, muestra toda la determinación del puño alzado. Justo a su lado, también sentado, está Juan O'Gorman. Detrás de ellos de pie, vemos a Diego Rivera, con una mano sobre el hombro de Frida. El rostro de los tres refleja una pesadumbre que poco tiene que ver con el ambiente de protesta que los envuelve. Frida fallecería pocos días después de esta manifestación, una neumonía mal curada pudo verse agravada por el frío húmedo de aquella tarde en el centro de México. Estas son también las últimas fotografías en las que se puede ver a los tres pintores juntos, unidos una última vez por el mismo compromiso revolucionario que tan intensamente marcó sus vidas.

O'GORMAN, PUNTO Y APARTE

En pocos años, tras construir las casas para Diego y Frida, un jovencísimo O'Gorman pasó de no haber construido prácticamente, recién terminada la carrera, a haber realizado varias decenas de escuelas y viviendas. Su arquitectura resultaba totalmente novedosa, con un planteamiento que llevaba los postulados racionalistas hasta el límite y con una radicalidad que pocas veces se ha visto. Aspiraba a operar una profunda transformación en el ámbito de la arquitectura y ponerla al servicio del cambio social y político que tanto anhelaban él, Diego y Frida y sin duda generó el mayor impacto que haya vivido nunca la arquitectura en México. Sin embargo un buen día, sin motivo aparente, O'Gorman decide cerrar su despacho de arquitectura.

Son años convulsos. Trotsky ha obtenido visa para exiliarse en México después de un complicadísimo periplo por varios países. Su llegada a México ha sido facilitada por el propio Diego Rivera, que le ofrece refugio en su casa de Coyoacán. Sin embargo no pasa mucho tiempo antes de que el político ruso y el pintor mexicano tengan fuertes enfrentamientos que hacen que el primero termine por buscar otro alojamiento. En su biografía O'Gorman no se sorprende de que Trotsky terminara por aborrecer a Rivera, que "se entretenía contando las más grandes mentiras que su imaginación le dictaba".[207]

Un primer atentado para acabar con la vida de Trotsky –una veintena de hombres ametrallaron las habitaciones de su residencia- fracasa totalmente pero el segundo, cometido pocas semanas después, es definitivo. Diego Rivera estuvo bajo sospecha de colaborar con el primer atentado prestando su furgoneta y a raíz de ello se refugió durante un tiempo en San Francisco.

Los bandazos políticos de Diego supusieron sin duda un duro desengaño para el joven arquitecto, que había visto en él la figura de un padre. Después de dedicarle palabras de gran admiración y profunda estima en sus memorias, Juan O'Gorman describe con dureza las fluctuaciones políticas de su maestro:

---

[207] O'Gorman, Juan. *Autobiografía*. Universidad Nacional Autónoma de México-Dirección General de Publicaciones/ Equilibrista. México DF 2007 p.142

A mi juicio Diego Rivera fue cambiante como político. En España, de joven y según su propia declaración, profesó el anarquismo. A su regreso a México, fue uno de los miembros fundadores del Partido Comunista Mexicano. En 1935, durante la Guerra Civil de España, actuó como rabioso antiestalinista, y durante la presidencia del general Lázaro Cárdenas, formó parte de una comisión para gestionar el refugio de Trotsky en México. En seguida, militó en el almazanismo, al que le dedicó tiempo y dinero en la campaña, cuando dicho general se postuló para la presidencia de la República. Y en los últimos años de su vida, reingresó al Partido Comunista, después de una declaración repugnante en la que se retractó de todos sus "pecados políticos", con el propósito de poder ir a la Unión Soviética. En realidad creo que Diego Rivera empleó siempre su posición política para obtener ventajas personales (trabajo de pintura mural) y para hacerse publicidad, que lo convertía en el "niño terrible" de la pintura mexicana.[208]

Con el paso de los años O'Gorman se refiere a la decisión de cerrar su despacho de arquitectura justificándola por el uso perverso que se hizo de los principios racionalistas para obtener mayores beneficios privados en lugar de conseguir mejoras sociales. Sin embargo este argumento parece insuficiente. O'Gorman ya había manifestado su intención de no titularse como arquitecto. Su postura era de intensa oposición a la inercia conservadora de sus compañeros, una oposición que desplegó enérgicamente en todos los ámbitos en los que le fue posible y que no dejaba lugar a dudas respecto a la fortaleza de su compromiso. A día de hoy es difícil saber con certeza todas las circunstancias que empujaron al arquitecto joven con mayor proyección del momento a dar un paso a un lado y abandonar el ejercicio de su profesión.

Tras este abandono -durante bastantes años no construye nada- se dedica exclusivamente a la pintura y a la enseñanza de la arquitectura en la escuela en cuya fundación participó. Con el tiempo llegó a forjarse una carrera que mereció el reconocimiento unánime como una de las figuras

---

[208] O'Gorman, Juan. *Autobiografía*. Universidad Nacional Autónoma de México-Dirección General de Publicaciones/ Equilibrista. México DF 2007 p.100

más importantes de la pintura y el muralismo de su país, hasta el punto de hacer olvidar que en realidad era arquitecto.

Cuando regresa al ejercicio de su profesión, muchos años después, lo hace con obras tan singulares como las de su primera etapa, pero con un planteamiento diametralmente opuesto. Su casa en San Jerónimo es probablemente la antítesis de las casas racionalistas de los años 30. Frente a la precisión racional de los volúmenes prismáticos de la primera época, esta obra -su última casa- es un mural tridimensional habitable, una suerte de escultura fundida con su entorno natural inmediato. El vértigo de los años 30, en los que O'Gorman proyecta y construye decenas de edificios en poco tiempo, tiene su antítesis en el lento proceso de elaboración de este sorprendente refugio: durante años reúne piedras de colores procedentes de todo el país para confeccionar artesanalmente, a veces con sus propias manos, los característicos murales de su casa. Sin duda esta obra representaba la arquitectura con la que se identificaba al final de su vida. Su destrucción, poco tiempo después de venderla, fue uno de los golpes más duros que O'Gorman pudo recibir.

El redescubrimiento de las casas de Diego Rivera y Frida Kahlo tras su restauración despertó un interés renovado que se fue convirtiendo en verdadero asombro. ¿Cómo fue posible hacer entonces una arquitectura tan pura, en un entorno alejado del centro de las vanguardias? Es la pregunta que ha impulsado este libro desde una larga investigación que ha dado paso a un número significativo de personajes relevantes. Sin conocer la historia que hay detrás difícilmente se pueden entender las casas que Juan O'Gorman hizo para Diego y Frida. A fecha de hoy aún permanece sin respuesta esta pregunta, no menos importante: ¿qué es lo que movió a O'Gorman a abandonar su profesión tras liderar la lucha para construir una arquitectura plenamente revolucionaria? Quizá algún día nuevos hallazgos permitan arrojar algo de luz al respecto, mientras tanto solo nos queda admirar la singularidad de la obra de este increíble arquitecto.

POST SCRIPTUM
Juan O'Gorman: la SEP y la escuela de Arquitectura del IPN

Ricardo Antonio Tena Núñez[209]

---

[209] Profesor e investigador de la Escuela Superior de Ingeniería y Arquitectura, Unidad Tecamachalco del Instituto Politécnico Nacional. Miembro del Comité de Ciudades y Pueblos Históricos de ICOMOS-México.

Agradezco a Javier Jerez la oportunidad de expresar una reflexión motivada por este valioso trabajo de investigación sobre uno de los arquitectos mexicanos más relevantes del siglo XX: Juan O'Gorman (1905-1982), cuya obra está tejida con un conjunto de relaciones significativas, como la que mantiene con Diego Rivera y Frida Kahlo, plasmada en las emblemáticas casas estudio de San Ángel; pero también, en ese contexto -como se documenta en este libro-, con otros personajes de la política, la educación y con algunos arquitectos, ingenieros y artistas, con quienes encabeza un proyecto que lo afirma y trasciende: la creación de la Escuela Superior de Ingeniería y Arquitectura (ESIA) del Instituto Politécnico Nacional (IPN), dotándola de una visión social que hasta hoy perdura.

De este hecho histórico hay dos aspectos que interesa destacar: uno se refiere a los antecedentes de la creación de la ESIA y el IPN en el marco de la orientación socialista de la Secretaría de Educación Pública (SEP) a cargo de Narciso Bassols García (1897-1959); y otro a su desarrollo, tomando como referencia los aportes de uno de los alumnos más destacados de Juan O'Gorman: el Ingeniero-Arquitecto Reinaldo Pérez Rayón (1918-2019).

Sobre los antecedentes de la ESIA y el IPN es preciso valorar su significado social y pertinencia en el complejo proceso histórico nacional, cuyas referencias son la *revolución mexicana*[210] y la reforma Constitucional de 1917, donde se recogen las demandas populares y se establecen los rasgos básicos del *nuevo proyecto nacional*, iniciando un violento proceso "pacificador" (p. ej. los asesinatos de Zapata, Carranza, Villa y Obregón),

---

[210] Se considera que la revolución inició el 20 de noviembre de 1910 con el levantamiento antirreeleccionista encabezado por Francisco Madero, pero existen antecedentes importantes de insurrección social desde el siglo XIX, como el agrarista de Julio López en Chalco, quien proclamó un manifiesto "comunista y socialista" en 1869 contra los hacendados y el gobierno de Benito Juárez (Gastón García Cantú (1969) *El socialismo en México. Siglo XIX*. México, Ed. Era. 55 y ss); también, años más tarde destaca la actividad revolucionaria de los hermanos Flores Magón y el Partido Liberal Mexicano, ligado a las huelgas de ferrocarrileros, mineros en Cananea (1906) y obreros textiles en Río Blanco (1907), entre otras, fuertemente reprimidas por la dictadura de Porfirio Díaz, movimientos sociales que detonan y orientan la revolución mexicana.

que se alteró en el gobierno de Plutarco Elías Calles (1924-1928) con la Guerra Cristera, y se estabilizó con los gobiernos interinos del llamado Maximato, logrando una definición institucional con el gobierno del general Lázaro Cárdenas del Río (1895-1970) y su Plan Sexenal: 1934-1940.

La creación del IPN y otras instituciones, como parte vital del proyecto nacional posrevolucionario, están determinadas por el contexto internacional de la primera mitad del siglo XX[211], de manera que entre 1920 y 1940 cobra relevancia el impulso a la educación pública como un factor determinante para el progreso nacional y en particular a la educación técnica y profesional como detonante del proceso de industrialización; política que cobró cuerpo al crearse la Secretaría de Educación Pública (SEP) en 1921, con José Vasconcelos Calderón, entonces también rector de la Universidad Nacional y promotor de la inevitable autonomía universitaria en 1929.

Se trata de un significativo proceso de reorientación de la política educativa, ya que aunado a la crítica de la educación porfirista, se debatían dos tendencias dominantes: una encabezada por Moisés Sáenz Garza (1888-1941) que apelaba -como Vasconcelos- a una visión universal de la cultura que recupera los valores indígenas con una idea pedagógica de *escuela activa* para la integración social; y la otra, encabezada por Narciso Bassols García (1897-1959) que proponía una valoración de clase, colectivista (campesina y obrera) y de orientación socialista -como Vicente Lombardo Toledano- defendía la educación laica y la escuela como un medio de liberación del fanatismo religioso[212] y la opresión capitalista, basado en un concepto "racional y exacto" del universo y la vida social.

De esta forma, la generación de Juan O'Gorman no experimenta y es protagonista de este cambio como estudiante en la Escuela Nacional

---

[211] En este contexto destacan: la Primera Guerra Mundial (1914-1918), la revolución rusa (1917), la Guerra Civil en España (1936-1939), la revolución china (1927-1949) y la segunda Guerra Mundial (1939-1945).
[212] Durante el gobierno de Plutarco Elías Calles (1924-1928) estalló la "Guerra Cristera" (1926-1929), con la consigna "¡Viva Cristo Rey!", como reacción de la Iglesia católica a las políticas anticlericales en educación, lo que ocasionó más de 250 mil muertes, movimiento que se prolongó con menor intensidad durante el gobierno de Lázaro Cárdenas donde surgió la consigna: "Cristianismo Si, Comunismo No".

Preparatoria (como Frida Kahlo) y de Arquitectura en Escuela Nacional de Artes Plásticas (antigua Academia de San Carlos) entre 1922 y 1926, concebida como parte de las Bellas Artes; alumno del ingeniero José Antonio Cuevas y de los arquitectos José Villagrán y Carlos Obregón Santacilia, con quienes trabajó en algunos proyectos importantes recién egresado; habiendo trabajado como estudiante en la fábrica Eureka de Juan de Dios Bátiz (primer director del IPN), además de continuar con sus estudios de pintura -iniciados con José María Velazco y motivado por Orozco y Rivera-, y realizó entre 1924 y 1925 los murales en tres pulquerías intervenidas por el Departamento de Salubridad Pública, a cargo de Carlos Tarditi.

Narciso Bassols García, clave en el proyecto nacional posrevolucionario.

Narciso Bassols fue un abogado destacado, político, diplomático y editor, seguidor de los "Siete sabios"[213] y miembro del grupo político de Plutarco Elías Calles; fue profesor de Derecho en la Escuela Nacional Preparatoria y en la Facultad de Derecho, jefe del Departamento Jurídico de la Comisión Nacional Agraria, estuvo vinculado con organizaciones obreras y campesinas, con políticos, maestros, profesionistas liberales y con grupos de mujeres activistas -cercanas a su esposa Clementina Batalla[214]-, intelectuales y artistas de izquierda -muchos de ellos de la Liga de Escritores y Artistas

---

[213] Se conoce como "Los Siete Sabios de México" o Generación de 1915, a los miembros fundadores de la Sociedad de Conferencias y Conciertos cuya meta era propagar la cultura entre los estudiantes universitarios de la ciudad de México: Alfonso Caso, Antonio Castro Leal, Manuel Gómez Morín, Vicente Lombardo Toledano, Jesús Moreno Baca, Teófilo Olea y Leyva y Alberto Vázquez del Mercado.

[214] Clementina Batalla Torres (1894-1987), nacida en Acapulco, Guerrero -hija del abogado Diódoro Batalla opositor a Porfirio Díaz del grupo de los hermanos Flores Magón-, fue condiscípula de Narciso Bassols en la Escuela Nacional de Jurisprudencia y la segunda mujer mexicana en recibir el título de Abogada en 1920, con una tesis sobre el trabajo de la mujer en México; fue una gran luchadora y líder del movimiento feminista en México y Latinoamérica, reconocida internacionalmente, fundó la *Unión de Mujeres Mexicanas* en 1964: "La Semilla", localizada en Misioneros No. 1, en el barrio de La Merced, que hasta la fecha funciona.

Revolucionarios (LEAR, 1933) y al Taller de la Gráfica Popular (TGP, 1937)-. Ocupó varios cargos importantes: director de la Facultad de Derecho y Ciencias Sociales de la Universidad; Secretario de Educación, donde promovió la Educación Politécnica, apoyó la creación de la Universidad Obrera con Vicente Lombardo Toledano (1933) y redactó la reforma al Artículo 3º Constitucional (que estableció el carácter socialista de la educación, vigente de 1934 a 1996); fue Secretario de Gobernación y de Hacienda (1934); Ministro de México en Londres y en la Sociedad de las Naciones (1935-37) -donde defendió a Etiopía y a España de la agresión fascista-; Ministro de México en Francia (1938-1939), donde organizó el rescate de poco más de diez mil republicanos españoles retenidos en campos de concentración franceses y su envío a México en calidad de asilados; y fue Embajador en Moscú (1944-1946), entre otros cargos y comisiones.

Narciso Bassols como Secretario de Educación Pública (1931-1934)[215], apoyó a los maestros y normales rurales como una estrategia educativa para atender a los campesinos e indígenas; y para fortalecer el proceso de industrialización nacional, emprendió con fuerza la transformación de las escuelas de artes y oficios en la "Escuela Politécnica" con Luis Enrique Erro y Carlos Vallejo Márquez -jefe y subjefe del Departamento de Enseñanza Técnica, Industrial y Comercial-, dándose a la tarea de actualizar y articular en un sistema educativo a todas las escuelas públicas que operaban aisladas: mecánicos y electricistas, textiles y bordados; comercio, homeopatía y constructores, entre otras.

Para revisar el Plan de Estudios de la *Escuela Nacional de Maestros Constructores* -ubicada en el cuartel de Belem, en Tolsá y Tres Guerras-, Bassols integró una comisión con Luis Enrique Erro, Carlos Vallejo, Juan O'Gorman, José A. Cuevas y José Gómez Tagle, para darle un carácter de "altos estudios", generando así un nuevo plan de estudios y la conformación de la *Escuela Superior de Construcción* (ESC) en 1931, autorizada para otorgar títulos profesionales y técnicos, como parte de la Enseñanza Politécnica de la SEP.

---

[215] Vale destacar que su consejero técnico fue Manuel Maples Arce, fundador -en la década de 1920- del movimiento *Estridentista*, junto con Arqueles Vela, Germán List Arzubide y Leopoldo Méndez, entre otros.

La ESC inició sus actividades en 1932, donde además de O´Gorman, José A. Cuevas y José Gómez Tagle, se incorporaron como profesores: Juan Legarreta, Álvaro Aburto, Enrique Yáñez, Justino Fernández, José Luis Cuevas, Raúl Cacho, Alfredo Salce, Balbino Hernández, Guillermo Chávez, Wilfrido Massieu, Manuel Ortiz Monasterio, Francisco Serrano, Eduardo Molina, Federico Barona y Ricardo Rivas, entre otros.

En ese año, Bassols inició un programa de construcción de escuelas "modernas y adecuadas" (y económicas) para atender la demanda educativa de nivel básico y nombró a Juan O´Gorman como director, donde proyectó y construyó -entre 1932 y 1935-, las "escuelas del millón"[216] para la capital y otras entidades, así como la Escuela Técnica Industrial (1933) en Tolsá y Tres Guerras[217], mudando la ESC al edificio que ocupó hasta 1924 la Escuela Nacional de Agricultura en el exconvento de San Jacinto en Popotla.

Al respecto, hay que señalar que el programa de construcción de escuelas *Bassols-O'Gorman* fue muy exitoso y es emblemático del inicio de la arquitectura funcionalista de carácter social en México; además de que la mayoría de estas escuelas aun operan sin cambios significativos en su programa arquitectónico y sistema constructivo.

La iniciativa de Bassols en la SEP generó la reacción de sectores conservadores de la Universidad quienes se opusieron a que se otorgara el título profesional a los egresados, mostrando signos de una fuerte ruptura entre el gobierno y la Universidad, como se veía en el campo de la arquitectura donde buscaban desacreditar el plan de la ESC y las ideas funcionalistas, frente a los cánones estéticos de la Academia (formalistas), lo que motivó la realización de las "Pláticas sobre arquitectura" a fines de 1933, organizadas por la Sociedad de Arquitectos Mexicanos (SAM) con el argumento de buscar la unidad de pensamiento

---

[216] Los planos originales de las escuelas *O'Gorman-Bassols*, desde 1984 son propiedad de la Universidad Autónoma Metropolitana, unidad Azcapotzalco, gracias a la gestión del arquitecto Antonio Toca Fernández.

[217] En este contexto, Juan O'Gorman también realizó los proyectos para las casas de: Narciso Bassols y su familia, Luis Enrique Erro -que incluyó un observatorio astronómico-, y Carlos Vallejo Márquez; además de otras para la editora Francis Toor, el señor Sotomayor, el historiador Manuel Toussaint y el pintor Julio Castellanos.

del gremio; lo que no ocurrió, pero generó un importante foro de debate entre profesores de la ESC (Legarreta, Roncal, Aburto, Ortiz Monasterio y O'Gorman) y los de la Escuela de Arquitectura de la Universidad (Campos, Mariscal, Galindo, Palafox, Amábilis y Villagrán -el director-); los resultados fueron diversos y generaron -según E. Yáñez- una clasificación ideológica de posturas de izquierda y derecha, pero realmente las diferencias formales eran pocas, ambos reconocían la importancia del funcionalismo, solo que unos reivindicaban el carácter social (acordes con el gobierno) y los otros el carácter privado y elitista.

De hecho, las "pláticas" solo contribuyeron al distanciamiento que existía entre la Universidad y la SEP, ya que un mes antes, estalló la crisis en la Universidad que condujo a la renuncia del director de Escuela Nacional Preparatoria: Vicente Lombardo Toledano y en septiembre de ese año, Bassols presentó ante el Congreso la Ley que consumaba la autonomía financiera de la Universidad respecto del Estado, entregando para su administración el patrimonio inmobiliario y diez millones de pesos para su organización independiente. A partir de ese momento, la creación de la *universidad politécnica* (de Estado) ya no era opcional, era necesaria para formar los cuadros técnicos y profesionales que requería el nuevo proyecto nacional y estaba en manos de Bassols y sus colaboradores, entre ellos Juan O'Gorman, Luis Enrique Erro y Wilfrido Massieu, quienes contaron con el apoyo de Gonzalo Vázquez Vela y Juan de Dios Bátiz para fundar el IPN en 1936, integrando principalmente a las escuelas técnicas y profesionales de la SEP.

Reinaldo Pérez Rayón (1918-2019): alumno de Juan O'Gorman y artífice del IPN.

Entre los egresados distinguidos del Instituto Politécnico Nacional (IPN), destaca el ingeniero-arquitecto Reinaldo Pérez Rayón, cuyas ideas y obras son parte significativa del patrimonio urbano y arquitectónico del siglo XX en México[218].

---

[218] Un estudio más extenso se puede consultar en Ricardo Tena: *Reinaldo Pérez Rayón en la cultura urbana y arquitectónica de México. Contribución al patrimonio edificado del siglo*

El Arq. Pérez Rayón fue hijo y artífice del Instituto Politécnico Nacional; primero, porque se forma y nace profesionalmente en y junto con esta institución, en la transición de la Escuela Superior de Construcción (ESC) -donde ingresa en 1936-, a Escuela Superior de Ingeniería y Arquitectura (ESIA) -donde estudia y se titula en 1945-; y lo de artífice, porque: como estudiante, por su condición y compromiso social, se integra a una comunidad que inaugura un *habitus* con lugares, ambientes, formas de socialidad, alianzas, principios y orientaciones críticas (un espíritu politécnico forjado con sus fundadores) que marcó la pauta a las siguientes generaciones; en su práctica profesional (privada y pública) reivindicó y desarrolló las bases adquiridas en su formación; se incorporó como docente a la ESIA (1948-56), tomando en 1950 la estafeta de los cursos de Teoría de su profesor más estimado: Juan O'Gorman, y transmitir sus conocimientos a las nuevas generaciones de arquitectos politécnicos; y porque, también, con sus mejores alumnos integró equipos de trabajo que contribuyeron -durante más de 20 años- a realizar proyectos y obras que hasta ahora sustentan la vida académica, científica, cultural, deportiva y administrativa del IPN.

Este proceso, no se puede entender en su verdadera dimensión al margen del contexto histórico nacional y mundial que determinó la emergencia del nuevo proyecto nacional posrevolucionario y modeló la vida de muchas generaciones de mexicanos, como se aprecia en los aportes de Narciso Bassols y Juan O'Gorman, y como se tejen con la vida de Reinaldo Pérez Rayón, captada en su autobiografía, como testimonio de la experiencia vivida que muestra su condición social y familiar, fuente de su calidad humana, de su visión sensible y apasionada, que encontró en la Arquitectura el motor de su vida.

Con ello, podemos valorar la producción urbana y arquitectónica de Reinaldo Pérez Rayón, como una obra monumental, abarcante, más por su importancia y significado, que por su tamaño y costo económico; por ser histórica, producto de su tiempo, pero con un sentido y fuerza que lo

---

XX. México. Conferencia Magistral en el Palacio de las Bellas Artes y las Letras, 2018 (En proceso de edición).

trasciende; por ser un producto complejo forjado colectivamente bajo el paradigma del funcionalismo social y la férrea convicción de poner "la técnica al servicio de la patria", como enuncia el lema del IPN; obra revolucionaria de jóvenes que en su momento se atrevieron a concebirlo, materializarlo, transmitirlo y defenderlo con razón y pasión, bajo la batuta de un líder que se formó aprendiendo.

De la vasta obra de Pérez Rayón, reconocida internacionalmente y considerada como un baluarte de la arquitectura mexicana, vale la pena detenerse y reflexionar -aunque sea brevemente- en una de ellas que permiten valorar su complejidad, diversidad, armonía y calidad arquitectónica (espacial, funcional, estructural, estética y social), que evoca la hazaña histórica de las escuelas *Bassols-O'Gorman*, me refiero a la Unidad Profesional "Adolfo López Mateos" de Zacatenco, construida entre 1958 y 1964.

En Zacatenco, Pérez Rayón es capaz de crear un lenguaje urbano y arquitectónico, claro, eficiente y dinámico en todos sus elementos, con un sentido de integración espacial y funcional: la ubicación, orientación, traza y zonificación de la unidad profesional, plazas, áreas verdes, vialidad e intercomunicación, así como sus áreas de expansión y crecimiento.

Los edificios de enseñanza y experimentación de distintas disciplinas, diseñados con un estricto sistema modular (0.90 m), susceptibles de ajustarse a diferentes condiciones, necesidades y materiales, donde se inaugura un sistema estructural y constructivo único, esbelto y ligero -que ha resistido sin inmutarse los sismos más intensos-, acorde con la movilidad que permiten las plantas libres, que incluyó instalaciones y mobiliario; con ese mismo lenguaje, las áreas e instalaciones deportivas, articuladas pero no mezcladas con las de enseñanza e investigación; de igual forma las actividades artísticas, literarias, de producción y difusión de la cultura, localizadas en el Centro Cultural "Jaime Torres Bodet" (el "Queso") unido a la gran "Plaza Roja", y en otra escala el Planetario "Luis Enrique Erro", conjunto que por su ubicación se abre y convoca generosamente a la ciudadanía.

Y finalmente, el conjunto de la Dirección General del IPN, que con su plaza, fuente y escultura es (era) el pórtico de entrada a esta magnífica unidad, su cara principal, el signo más relevante de la máxima autoridad y jerarquía politécnica, lugar de la administración central, de su estructura operativa fundamental y de la más alta representación de la comunidad politécnica: el Consejo General Consultivo, localizado en la última planta[219].

Edificio de la Dirección General del IPN, UP Zacatenco. Archivo R. Tena: "Obras de RPR", 1970.

[219] El edificio de la Dirección General se degeneró en 1995 con una intervención perversa, que aún espera una iniciativa justa y valiente que haga posible su recuperación y reintegre plenamente a la Unidad Profesional de Zacatenco su valor histórico y cultural, como patrimonio edificado de los mexicanos y como respuesta a la protesta y demanda permanente de su autor: el arquitecto Reinaldo Pérez Rayón.

BIBLIOGRAFÍA

Abbott, Jere. «Russian Diary, 1927-1928.» En *October 145*, 125-223. New York: MIT Press, 2013.

Adriá Pérez, Miquel. *Espacios mexicanos. Once casas contemporáneas*. México: Gustavo Gili, 2000.

———. «La sombra del cuervo, arquitectos mexicanos tras la senda de Le Corbusier.» Universidad Europea de Madrid, 2012.

———. «Le corbusier y la conexión mexicana.» En *X Seminario DOCOMOMO Brasil*, 2013.

Agudo Martínez, María Josefa. «Internacionalismo constructivista: Concurso para el Palacio de los Sóviets de 1931.» En *Actas del 14º congreso de Expresión gráfica Arquitectónica*, 265-70. Valladolid: Escuela Técnica Superior de Arquitectura, 2012.

Amábilis, Manuel. «Diego Rivera y su obra.» *El arquitecto*, septiembre de 1925.

Anda Alanis, Enrique X. de. «El proyecto de Juan O´Gorman para el concurso de la "vivienda obrera" de 1932». *Arquine 20*. México, DF: Arquine, 2002.

———. *Evolución de la arquitectura en México, época prehispánica, virreinal, moderna y contemporánea*. México, DF: Panorama Editorial, 1987.

———. *Historia de la arquitectura méxicana*. Barcelona: Gustavo Gili, 2006.(1ª ed. 1995)

———. *La arquitectura de la revolución mexicana. Corrientes y estilos de la década de los veinte*. México, DF: UNAM-Centro de Investigaciones Estéticas, 2008. (1ª ed. 1990)

———. «La vivienda en la ciudad de México en el periodo 1910-1930.» En *Muchas moradas hay en México*, 89-100. México, DF: UNAM-Coordinación de humanidades-INFONAVIT, 1993.

———. «México: La arquitectura en el periodo 1920-1933.» En *La universidad durante los gobiernos de Obregón y Calles. De Vasconcelos a la Autonomía (1920-1929)*, III:167-75. La UNAM en la historia de México. México, DF: UNAM-Coordinación de humanidades, 2011.

Araujo, Ramón. «Cadenas de montaje. On architecture and industry.» *Arquitectura Viva 156*, octubre de 2013.

———. «El edificio como intercambiador de energía.» *Tectónica 28*, marzo de 2009.

Arias Montes, J. Victor. *Juan O´Gorman. Arquitectura escolar 1932*. México: UNAM, 2005.

Arvatov, Boris. «Everyday life and the culture of the thing (toward the formulation of the question).» *October 81*. New York: MIT Press, 1997.

Aymonino, Carlo. *La vivienda racional. Ponencias de los congresos CIAM 1929-1930*. Traducido por J.F. Chico, J.M. Marco, y J.C. Theilacker. Arquitectura y Crítica. Barcelona: Gustavo Gili, 1976. (1ª ed. 1971)

Banham, Reyner. *Teoría y diseño en la primera era de la máquina*. Traducido por Luis Fabricant. Barcelona: Paidós, 1985.

Barba, José Juan. «Vivienda mínima.» *CIRCO. JAIA LORE ARTEAN*, 2006. http://www.mansilla-tunon.com/circo/epoca6/pdf/2006_138.pdf.

Barr, Alfred H. «Russian diaries.» En *October 7*, 10-51. New York: MIT Press, 1978.

———. «The Lef and soviet art.» *Transition 14*, 1928.

Barrios, Roberto. «Diego Rivera pintor.» *El Universal ilustrado 5, 221*, julio de 1921.

Bartra, Eli. *Frida Kahlo. Mujer, ideología, arte*. Barcelona: Icaria Editorial, 1994.

Battisti, Emilio. *Arquitectura, ideología y ciencia. Teoría y práctica de la disciplina del proyecto*. Editado por Hermann Blume. Barcelona: Gustavo Gili, 1980. (1ª ed. 1975)

Benevolo, Leonardo, Carlo Melograni, y Giura Longo. *La proyectación de la ciudad moderna*. Punto y Línea. Barcelona: Gustavo Gili, 1978. (1ª ed. 1977)

Benjamin, Walter. *El autor como productor*. Editado y traducido por Bolívar Echeverría. México, DF: Itaca, 2004.

———. *La obra de arte en la época de su reproducción mecánica*. Madrid: Casimiro, 2012. (1ª ed. 1935)

———. «Moscow diary.» En *October 35*. New York: MIT Press, 1985.

Boesiger, Willy, y Hans Girsberger. *Le corbusier 1910-65*. Barcelona: Gustavo Gili, 2001.

Born, Esther. *The new architecture in México*. New York: The Architectural Record, W. Morrow & Co., 1937.

Bowlt, John E. «Afterword. Russian Diaries by A. Barr.» *October 7*, 1978.

Bradu, Fabienne. *André Breton en México*. México, DF: Fondo de Cultura Económica, 2012.

Breton, André, León Trotsky, y Diego Rivera. *Por un arte revolucionario e independiente*. Editado por Pepe Gutiérrez. Traducido por José Ángel Cilleruelo y Gema Sanz Botey. Madrid: El viejo topo, 1999.

Buchloh, Benjamin H.D. «From Faktura to Factography.» *October 30*. New York: The Mit Press, 1984.

Campiglio, John P. *Edward Weston y Diego Rivera: La fraternidad entre el norte y el sur*. Mississippi: University of Mississippi, 2007.

Canales Gonzalez, Fernanda. «Juan O´Gorman (1905-1982).» *Letras Libres*, 2005. http://www.letraslibres.com/revista/artes-y-medios/juan-ogorman-1905-1982.

———. «Juan O´Gorman (1905-1982).» *Arquine*, mayo de 2005.

———. «La modernidad arquitectónica en México; una mirada a través del arte y los medios impresos.» Escuela técnica superior de arquitetcura, 2013.

———. «Un radical en México. Juan O´Gorman, del funcionalismo al muralismo.» *Arquitectura Viva 100*, mayo de 2005.

Casler, Elsie. «Diego Rivera´s dramatic interlude with Trotsky.» Accedido 1 de enero de 2015. http://userwww.sfsu.edu/epf/journal_archive/volume_X,_2001/casler_e.pdf.

Ceccarelli, P. *La construcción de la ciudad soviética*. Barcelona: Gustavo Gili, 1970.

Chan Magomedov, Selim Omarovic. *Moisej Ginzburg*. Traducido por Claudio Masetti. Milán: Franco Angeli, 1975.

Chao, Enrique. «Los 100 años de Juan O´Gorman, el arquitecto de las mil caras.» *Cosntrucción y tecnología*, julio de 2005.

Cirlot, Juan Eduardo. *Diccionario de Símbolos*. Madrid: Siruela, 2005.

Conrads, Ulrich. *Programmes et manifestes de l´architecture du XXè siècle*. Traducido por Hervé Denés. Paris: Les Éditions de la Villette, 1981.

Córdova Gonzalez, Luis Alejandro. «Presencia de Juan O´Gorman en el IPN.» *Esencia y espacio 22*, septiembre de 2005.

Crawford, Christina E. «The innovative potential of scarcity in SA´s comradely competition for communal housing, 1927.» *Archi-DOCT 1* 2 (2014): 32-53.

Cupull, Adys. *Julio Antonio Mella en los Mexicanos*. México, DF: El Caballito, 1983.

Curtis, William J.R. *Le Corbusier, ideas y formas*. Barcelona: Hermann Blume, 1987.

———. *Modern architecture since 1900*. Londres: Phaidon press limited, 1982.

Díaz Segura, Alfonso, y Guillermo Moncholí Ferrándiz. «Les Maisons Loucheur. La maquina para habitar se industrializa.» *Proyecto, progreso, arquitectura 6. Montajes habitados. Vivienda prefabricada e intención-*, 2012.

Dickerman, Leah, Anna Indych-lópez, y Diego Rivera. *Diego Rivera: murals for the Museum of Modern Art*. New York: MoMA, 2011.

Eisenstein, Sergei. *The Film Sense*. Editado y traducido por Jay Leyda. New York: Meridian Books, 1957. (1ª ed. 1943)

Flores Pazos, Carlos. «La vanguardia arquitectonica del Realismo Socialista: El discurso de Arkin.» *Cuaderno de notas 9*, 2002.

Foster, Hal. *Compulsive Beauty*. Massachusetts: MIT Press, 1997. (1ª ed. 1993)

Frampton, Kenneth. *História crítica de la arquitectura moderna*. Barcelona: Gustavo Gili, 1998.

Garrido Colmenero, Gines. «Melnikov en París. Del pabellón sovietico a los garajes.» ETSAM, 2004.

Giddins, Gary. «Diego Rivera the dilemmas of a communist artist», 2013. http://es.scribd.com/doc/188465939/Diego-Rivera-the-Dilemmas-of -a Communist-Artist#scribd.

Giedion, Sigfried. *La mecanización toma el mando*. Barcelona: Gustavo Gili, 1978. (1ª ed. 1948)

Ginzburg, Moisei. *Escritos 1923-1930*. Editado por Gines Garrido. Madrid: El croquis editorial, 2007.

———. *Style and Epoch*. Editado por Anatole Jr. Senkevitch y Kenneth Frampton. Traducido por Anatole Jr. Senkevitch. Oppositions Books. Cambridge: MIT Press, 1982. (1ª ed. 1924)

Gónzalez Lobo, Carlos. *Guía O´Gorman*. Editado por Isabel Garcés. México, DF: INBA, Arquine+RM, 2008.

Gorelik, Adrián, y Jorge F. Liernur. *La sombra de la vanguardia. Hannes Meyer en México 1938-1949*. Historia de la arquitectura moderna. Buenos Aires: Proyecto Editorial, 1993.

Gough, Maria. «Drawing Between Reportage and Memory: Diego Rivera's moscow Sketchbook.» En *October 145*, 67-115. New York: MIT Press, 2013.

———. «Tarabukin, Spengler, and the Art of Production.» *October 93*, 2000.

———. *The artist as Producer. Russian Constructivism in Revolution*. Berkeley - Los Angeles - Londres: University of California Press, 2005.

Guzmán Urbiola, Xavier. *Juan O´Gorman. Sus primeras casas funcionales*. México, DF: CONACULTA-INBA, 2007.

Guzmán Urbiola, Xavier, Victor Jiménez, y Toyo Ito. *Casa O'Gorman 1929*. México, DF: INBA, 2014.

Haupt, Cecilia. «Biblioteca Central. 45 años al servicio de la comunidad universitaria.» *Biblioteca Universitaria vol 4, 1*, 2001. http://www.redalyc.org/articulo.oa?id=28540111.

Heidegger, Martin. *La pobreza (Die Armut)*. Traducido por Irene Agoff. Madrid - Buenos Aires: Amorrortu Editores, 2006.

Heidegger, Martín. *Filosofía, ciencia y técnica*. Santiago de Chile: Editorial Universitaria, 1997.

Heredia, Juan Manuel. «Juan O´Gorman: más allá del "funcionalismo radical". Dos edificios sindicales reconsiderados». *Arquine 29*, septiembre de 2004.

Hernandéz Gálvez, Alejandro. «Contra la arquitectura. Notas sobre Juan O´Gorman.» *Arquine 20*, junio de 2002.

Hildebrand, Grant. «The Ford Rouge Plant and related projects, 1916-1932.» En *Designing for Industry: Architecture of Albert Kahn*. Cambridge: MIT Press, 1974.

Hindus, Maurice. «Henry Ford Conquers Russia.» *The Outlook*, 1927. http://www.unz.org/Pub/Outlook-1927jun29-00280a02.

Hochman, Elaine S. *La Bauhaus. Crisol de la modernidad*. Traducido por Ramón Ibero. Barcelona: Paidós Transiciones, 2002. (1ª ed. 1997)

Illán Gómez, Raul. «Juan O´Gorman en el Instituto Politécnico Nacional.» *Esencia y espacio 22*, septiembre de 2005.

Ito, Toyo, y Victor Jiménez. *Las casas de Juan O´Gorman para Frida Kahlo y Diego Rivera*. Madrid: Minsterio de Fomento, 1999.

Jiménez, Victor. «Consideraciones sobre la restauración de la arquitectura moderna: el caso de El Eco.» *CENIDIAP*, 2005. http://discursovisual.cenart.gob.mx/anteriores/dvwebne04/agora/agojimenez.htm.

———. *Juan O'Gorman: Principio y fin del camino*. México, DF: CONACULTA, 1997.

———. *Las casas de Juan O´Gorman para Diego y Frida*. México, DF: INBA, 2001.

———. «Las casas de Juan O´Gorman para Frida Kahlo y Diego Rivera. Crónica de su restauración.» *México en el tiempo 20*, septiembre de 1997.

———. «Los estudios para Diego y Frida de Juan O´Gorman.» *Arquine 1*, septiembre de 1997.

———. «O´Gorman dibujante.» *Casa del tiempo 75*, abril de 2005.

Jung, Carl G. *El hombre y sus símbolos*. Barcelona: Paidós, 1997.

Kahlo, Guillermo, Guillermo Zamora, y Cristina Kahlo. *Elogio de la geometria*. México, DF: CONACULTA-INBA, 2010.

Katzman, Israel. *Arquitectura contemporánea mexicana*. México, DF: INAH, 1964.

Kopp, Anatole. «Albert Kahn: One American's fruitful cooperation with the Soviet Union.» *The Charnel-House*, 1988. http://thecharnelhouse.org/2013/07/30/foreign-architects-in-the-soviet-union-during-the-first-two-five-year-plans/.

Krauss, Rosalind E. *La originalidad de la vanguardia y otros mitos modernos*. Madrid: Alianza, 2002.

Kula, Witold. *Las medidas y los hombres*. Madrid: Siglo XXI de España Editores, 1980.

Larripa Artleeda, Victor. «Del juego formal al diagrama de funciones: experiencias en rascacielos soviéticos y norteamericanos.» *Boletín Académico. Revista de investigación y arquitectura contemporánea 4 (2014)*, 2013.

Le Clézio, J.M.G. *Diego y Frida. Una gran historia de amor en tiempos de la revolución*. Madrid: Temas de Hoy, 2008. (1ª ed. 1993)

Le Corbusier. *Hacia una arquitectura*. Barcelona: Ediciones Apostrófe S.L, 1998. (1ª ed. 1923)

———. *Oeuvre complète*. Editado por Willy Boesiger. Zurich: Les Éditions d'Architecture, 1964.

———. *Precisiones. Respecto a un estado actual de la arquitectura y el urbanismo*. Barcelona: Ediciones Apostrófe, 1999.

Link, Stefan. «Soviet Fordism in Practice: Building and Operating the Soviet River Rouge, 1927-1945.» En *Russian, Soviet, and Post-Soviet Economic History: New Frontiers*, 2013.

List Arzubide, Germán. «En el primer aniversario: Así se hizo el Horizonte.» *Horizonte: Revista mensual de actividad contemporánea (Jalapa) 10*, abril de 1927.

Lodder, Christina. «The transition to constructivism.» En *The Great Utopia. The Russian and Soviet Avant-Garde 1915-1932*, 266-81. New York: Guggenheim Museum, 1992.

López Garcia, Juan. «El arquitectos Carlos Obregón Santacilia. La tradición arquitectónica mexicana (nacimiento, invención y renovación).» Universidad Politécnica de Cataluña, 2003.

López Rangel, Rafael. *Diego Rivera y la arquitectura mexicana*. México, DF: Secretaría de Educación Pública, 1986.

———. «El sistema de escuelas Bassols-O´Gorman.» *Esencencia y espacio 22*, septiembre de 2005.

———. *Orígenes de la Arquitectura Técnica de México 1920-1933: La Escuela Superior de Construcción*. México, DF: UAM, 1984.

Maiakovsky, Vladimir. *América*. Madrid: Gallo Nero, 2015. (1ª ed. 1926)

Maples Arce, Manuel, y Fermín Revueltas. «Irradiador no1: Revista de vanguardia.» En *Fermín Revueltas constructor de espacios*, editado por Carla Zuriñan. México, DF: RM/INBA, 2002.

Martí, Carles, y Xavier Monteys. «La línea dura.» *Transfer 7*, 2003.

Marullo, Francesco. «Architecture and Revolution. The Typical Plan as Index of Generic.» En *The City as a Project*, editado por Pier Vittorio Aureli, 216-60. Berlin: Ruby Press, 2014.

Mayer, Hannes. *El arquitecto en la lucha de clases y otros escritos*. Traducido por Mariuccia Galfetti. Barcelona: Gustavo Gili, 1972.

Meyer, Hannes. *Pensamiento*. Editado por Louise Noelle. Cuadernos de arquitectura no5. México, DF: CONACULTA-INBA-DACPAI, 2002.

Monteys, Xavier. *Le Corbusier, obras y proyectos*. Barcelona: Gustavo Gili, 2005.

Mota Trevieso, Alfredo. «Juan O´Gorman fundador de la ESIA.» *Esencia y espacio 22*, septiembre de 2005.

Mourier-Casile, Pacaline. «Le poème-objet ou "l'éxaltation réciproque".» *La licorne 23*, 1992.

Movilla Vega, Daniel, y Carmen Espegel Alonso. «Hacia la nueva sociedad comunista: La casa de transición del Narkomfin, epílogo de una investigación.» *Proyecto, Progreso y Arquitectura 9. Habitat y habitar*, noviembre de 2013.

Muñoz Guisado, José María. «Construcciones de las Vjutemas. Algo sobre constructivismo y pobreza, seguido de algunas consideraciones sobre las arquitecturas del curso básico de los talleres de izquierdas.» *FAKTA. Teoría del arte y crítica cultural*, 2014. https://revistafakta.wordpress.com/2014/09/12/constructores-de-las-vjutemas-algo-sobre-constructivismo-y-pobreza-seguido-de-algunas-consideraciones-sobre-las-arquitecturas-del-curso-basico-de-los-talleres-de-izquierda-por-jose-maria-munoz/.

Nava Jaimes, Héctor, Félix Pezet Sandoval, Jorge Mendoza Illescas, e Ignacio Hernández Gutiérrez. *El sistema internacional de unidaddes (SI)*. Los Cués, Querétaro: CENAM, 2001.

Noelle, Louise. «Estados Unidos y la arquitectura mexicana en el siglo XX.» *Anales del Instituto de investigaciones estéticas 85*, 2004.

O´Gorman, Juan. *Autobiografía (Juan O´Gorman)*. Editado por Enrique Luna Arroyo. México, DF: UNAM-DGE, 2007.

O´Gorman, Juan, y Ida Rodriguez Prampolini. *La palabra de Juan O´Gorman. Selección de textos*. Editado por Ida Rodriguez Prampolini. México, DF: UNAM, 1983.

Olivares Correa, Marta. «Juan O´Gorman: arquitecto funcionalista radical.» *Diseño y sociedad*, 2010.

Ortega y Gasset, José. *Meditación sobre la técnica y otros ensayos sobre ciencia y filosofía*. Madrid: Alianza Editorial, 2002. (1ª ed. 1939)

Osorio, Ernestina. «Unequal union: La Casa Estudio de San Angel Inn, c. 1929-1932.» En *Negotiating Domesticity: Spatial productions of gender in modern architecture*, editado por Hilde Heynen y Gülsüm Baydar. Routledge, 2005.

Paz, Octavio. «Estrella de tres puntas: el surrealismo.» En *Las peras del olmo*. México, DF: UNAM, 1957.

———. «Metáforas.» En *Un mas allá erótico: Sade*. México, DF: Vuelta/Heliópolis, 1994.

———. «Política e ideología. Revuelta, revolución, rebelión.» En *Corriente alterna*. México, DF: Siglo XXI Editores, 1967.

Pereira, Armando. «Breton, Trotsky y rivera: México y la esperanza surrealista.» *Estudios 99 vol.X*, mayo de 2011.

Pérez Rayón, Reinaldo. «Juan O´Gorman: arquitecto y maestro innovador.» *Esencia y espacio 22*, septiembre de 2005.

Prieto Gonzalez, José Manuel. «El estridentismo mexicano y su construcción de la ciudad moderna a través de la poesía y la pintura.» *Scripta Nova México*, 2011. http://www.ub.edu/geocrit/sn/sn-398.htm.

Quilici, Vieri. *Ciudad rusa y ciudad soviética. Caracteres de la estructura histórica. Ideología y práctica de la transformación socialista*. Traducido por Rossend Arqués. Arquitectura/Perspectivas. Barcelona: Gustavo Gili, 1979. (1ª ed. 1976)

Ricalde, Humberto. «Rábano con todo y hojas.» *Arquine 20*, junio de 2002.

Rio, Víctor del. *Factografía. Vanguardia y comunicación de masas.* Madrid: ABADA Editores, 2010.

Rios Garza, Carlos. «Controversia en la enseñanza de la arquitectura en 1932.» *Esencia y Espacio 4*, junio de 1998.

———. «Los profesores en los primeros años de la ESIA.» *Esencia y Espacio 6*, octubre de 1998.

———. «Primer Plan de Estudios de la Escuela Superior de construcción.» *Esencia y Espacio 5*, agosto de 1998.

Rivadeneyra, Patricia. *Hannes Meyer. Vida y obra.* México, DF: UNAM, 2004.

Rivera, Diego. «Edward Weston and Tina Moddoti.» *Mexican Folways 2, 6*, 1926.

———. «El lío entre pintores y arquitectos: Serenando la contienda.» *El universal: El gran diario de México.* 3 de abril de 1930.

———. «Lo que dice Diego Rivera.» En *Obras de Diego Rivera. Textos polémicos 1921-1949*, 2:48-52. México: El Colegio Nacional, 2006.

———. *My art, my life. An autobiography.* New York: Dover Publications, Inc., 1991. (1ª ed. 1960)

———. «The position of the artist in Russia today.» *Arts weekly1 1*, marzo de 1932.

———. «The revolutionary spirit in modern art.» *The Modern Quarterly 6, 3*, 1932.

Rivera, Diego, y Raquel Tibol. *Diego Rivera: arte y política.* Editado por Raquel Tibol. México, DF: Editorial Grijalbo, 1979. (1ª ed. 1978)

Robert, Alfredo. «Como una pintura nos iremos borrando: Juan O´Gorman», s. f. https://www.youtube.com/watch?v=tYT44e3gAfE.

Rodriguez Prampolini, Ida. *Juan O´Gorman, arquitecto y pintor.* Editado por Ida Rodriguez Prampolini. México, DF: UNAM-DGP, 1982.

Rosell, Guillermo, y Lorenzo Carrasco. *Guía de Arquitectura Mexicana Contemporanea.* Editado por Guillermo Rosell. México, DF: Editorial Espacios, 1952.

Sarmiento Ocampo, Jaime. «Antecedentes de la vivienda industrializada como propuesta ecológica.» *Hito-Revista de Arquitectura 27*, 2013.

Schávelzon, Daniel. «Una revisión del libro Juan O´Gorman: arquitecto y pintor.» *Traza: Temas de Arquitectura y Urbanismo 4*, septiembre de 1983.

Schneider, Luis Mario. *El estridentismo, o una literatura de la estrategia.* México, DF: CONACULTA, 1997. (1ª ed. 1970)

Seco, Enrique, y Ramón Araujo. *La casa en serie.* Editado por ETS Arquitectura. Madrid: ETSA-Departamento de Publicaciones, 1991. (1ª ed. 1986)

Selva, Roberto de la. «El arte en México: El feísmo de Diego Rivera.» *El Nacional: diario popular.* 15 de febrero de 1936.

Siqueiros, David Alfaró. *Me llamaban el coronelazo (Memorias)*. México, DF: Grijalbo, 1977.

Tarabukin, Nikolai. «From Easel to Machine.» En *Modern Art and Modernism: A Critical Anthology*, editado por Francis Frascina y Charles Harrison, 135-42. New York: Harper and Row, 1982.

Teige, Karel. *Anti- Corbusier*. Barcelona: Ediciones UPC, 2008.

———. *The minimum dwelling*. Massachusetts: MIT Press, 2002. (1ª ed. 1932)

Tibol, Raquel. *Diego Rivera. Luces y sombras*. México, DF: Lumen (Random House Mondadori), 2007.

Toca Fernández, Antonio, y Aníbal Figueroa Castrejón. *México: Nueva arquitectura*. México, DF: Gustavo Gili, 1991.

Triolet, Elsa. *Recuerdos sobre Maiakovsky y una selección de poemas*. Traducido por José Batlló. Barcelona: Editorial Kairós, 1970.

Trotsky, León. «Carta de León Trotsky a Diego Rivera 7 junio», 1933.

———. *Literature and Revolution*. Editado por William Keach. Traducido por Rose Strukski. Chicago: Haymarket Books, 2005. (1ª ed. 1925)

———. *Mi vida*. Madrid: Tebas, 1978. https://www.marxists.org/espanol/trotsky/1930s/mivida/.(1ª ed. 1930)

———. *Problemas de la vida cotidiana*. Traducido por Fundación Federico Engels. Madrid: Fundación Federico Engels, 2004. (1ª ed. 1923)

«Un zafarrancho de estudiantes: Elementos adictos al arquitecto Carlos Lazo y al pintor Diego Rivera llegaron a las manos por cuchufletas de unos y otros.» *La Prensa: diario ilustrado de la mañana*. 1 de abril de 1930.

Villaurrutia, Xavier. «Historia de Diego Rivera.» *Forma 5*, 1927.

VV.AA. *Architecture. Theory since 1968*. Editado por Michael K. Hays. Columbia books of architecture, 1998.

———. *Arquitectura moderna en México*. México: Nobuko/arquine, 2007.

———. *Biblioteca Central. Libros, muros y murales. 50 aniversarios*. Editado por Celia Martín Marín. México, DF: UNAM-Dirección General de Bibliotecas, 2006.

———. *Crítica, Tendencia y Propaganda: textos sobre arte y comunismo, 1917-1954*. Editado por Juan José Gómez. Sevilla: Doble J, 2008. (1ª ed. 2004)

———. *Juan O´Gorman, 100 años. Temples, dibujos y estudios preparatorios*. México, DF: Fomento Cultural Banamex/CONACULTA-INBA, 2005.

———. «Juan O´Gorman. En torno a la enseñanza de la arquitectura técnica y social en el instituto Politécnico Nacional.» *De arquitectura. Cuaderno de ensayo y crítica 6/7*, noviembre de 2005.

———. *Juan O'Gorman. Arquitectura Escolar 1932*. Editado por J. Victor Arias Montes. Raíces 4. Documentos para la historia de la arquitectura mexicana. México, DF: UAM-UNAM-UASLP, 2005.

———. *La arquitectura mexicana del siglo XX*. Editado por Fernando Gónzalez Gortázar. México, DF: CONACULTA, 1994.

———. *Los nuevos productivismos*. Editado por Marcelo Expósito. Barcelona: Universidad Autónoma de Barcelona/Museo de Arte Contemporanea, 2010.

———. *Mexican arquitectures*. Editado por Alejandro Aguilera. México, DF: Coedi Mex, 2000.

———. *Modernidad y arquitectura en México*. Editado por Edward Burian. México, DF: Gustavo Gili, 1998.

———. *O´Gorman*. México, DF: Américo Arte/Bital Grupo Financiero/Landucci, 1999.

———. *Pláticas sobre arquitectura, 1933*. Cuadernos de Arquitectura no1. México, DF: CONACULTA-INBA, 2001.

———. *Russian Art of the Avan-Garde: Theory and Critisism 1902-1934*. Editado y traducido por John E. Bowlt. The Documents of 20th-century art. New York: The Viking Press, 1976.

———. *The pragmatist imagination. Thinking about «things in the making»*. Editado por Joan Ockman. Nueva York: Princeton Architectural Press, 2000.

———. *Tina Modotti: fotógrafa y revolucionaria*. Buenos Aires: Centro Cultural Borges, 2012.

———. *Utopía, no utopía. La arquitectura, la enseñanza y la planificación del deseo*. México, DF: Museo Casa Estudio Diego Rivera y Frida Kahlo, 2005.

———. *Vanguardias estridentistas. Soporte de la estética revolucionaria. (Exposición México 19-agosto-25 noviembre)*. México, DF: INBA-Museo Casa Estudio Diego Rivera y Frida Kahlo, 2010.

———. *Vigencia del pensamiento y obra de los arquitectos mexicanos*. Editado por J. Victor Arias Montes. México, DF: UNAM-centro de Investigaciones y Estudios de Posgrado, 2006.

Walsh, David. «Bolshevism and the avant-garde artist (1993).» *World Socialist Web Site by International Committee of the Forth International (ICFI)*, 2010. http://www.wsws.org/en/articles/2010/02/bols-f17.html.

Wolfe, Bertram D. *The fabulous life of Diego Rivera*. New York: Cooper Square Press, 2000. (1ª ed. 1963)

Zalambani, Maria. «Boris Arvatov, théoricien du productivisme.» *Cahiers du Monde russe 40/3*, 1999.

———. «L'art dans la production. Le débat sur le productivisme en Russie pendant les années vingt.» *Annales. Histoire, Sciences Sociales 52,1*, enero de 1997.

Zepeda, Masha. «La influencia de Juan O´Gorman.» *Info7.mx*, 2008. http://www.info7.com.mx/impresion.php?id=321&tipo=editorial.

Zusi, Peter A. «The Style of the Present: Karel Teige on Constructivism and Poetism.» *Representation 88*, 2004. http://discovery.ucl.ac.uk/13049/1/13049.pdf.

www.ingramcontent.com/pod-product-compliance
Lightning Source LLC
Chambersburg PA
CBHW020837160426
43192CB00007B/687